# LES MEMOIRES DE LA ROINE MARGVERITE.

# A PARIS,

Par CHARLES CHAPPELLAIN, ruë de
la Bucherie, à l'image saincte Barbe.

## M. DC. XXVIII.

*Auec priuilege du Roy.*

# AV LECTEVR.

CE liure, Lecteur, eſt vn de ceux qui n'ont
point beſoin de l'induſtrie d'autruy pour
ſe rendre recommandables. Son titre eſt vn
charme ſi puiſſant, qu'il faut eſtre merueil-
leuſement ſtupide pour n'eſtre point attirê
à la lecture de l'ouurage qui eſt en ſuitte, &
les choſes qu'il traitte ſont ſi agreables, & ſi
elegamment eſcrites, que celuy n'a aucune
cognoiſſance des belles choſes, qui n'auoüe que
cet eſcrit a toutes les perfections qui ſont re-
quiſes pour exciter l'admiration dans les
eſprits bien faits. Que Rome vante tant
qu'il luy plaira les Commentaires de ſon premier Empereur, la France a maintenant les
Memoires d'vne grande Roine qui ne leur
cedent en rien. Voila vn eloge bien grand,
mais tres-veritable pourtant, & duquel tu
ne me deſdiras pas, Lecteur, ſi tu n'es preoc-
cupé de cette impertinente opinion que rien
ne peut eſgaler ce que l'antiquité a produit,
ou ſi vne abominable malice ne te fait re-

á ij

garder auec enuie la gloire de ta patrie. Ie ne veux pas m'étendre dauantage sur ce su-jet, à fin qu'vn plus long discours ne retar-de le contentement que tu auras en la lecture de celuy de cette rare Princesse ; & me con-tenteray de te dire que celuy auquel elle l'a-dresse est Messire Charles de Viuonne, Baron de la Chastaigneraye, & Seigneur de Harde-lay, qui estoit Chambellan du Duc d'Alençon. La mere de Madame de Rais estoit sa tan-te, & luy par consequent cousin de Mada-me de Rais. Quelques vns croyent que l'a-dresse en soit faitte à Monsieur de Rendan, mais cela n'est pas si vray-semblable. Or la copie sur laquelle il a esté imprimé estoit si corrompuë, que ce n'est pas si grand'mer-ucille qu'il s'y soit glissé plusieurs fautes, comme il est estrange qu'on l'aye peu publier si entier. Mais depuis que l'impression a esté acheuée il m'est tombé entre les mains vn exemplaire plus entier & plus net, du-quel j'ay tiré les obmissions que tu verras en la page suiuante, auec quelques autres plus legeres corrections, que tu remettras s'il te plaist chacune en son lieu.

## Fautes à corriger & obmißions à remettre.

*Page* 4. *ligne* 16. lors que vous parlez de ma peau & de mon visage de France, *lisez*, lors que vous parlez de Pau, & de mon voyage de France.

*Page* 10. *ligne* 5. Madame de Curtoge, *lisez*, Madame de Curton.

*Page* 60. *ligne* 21. & que sãs doute s'ils voyoient quelque chose, *lisez*, & que sans doute s'ils descouuroient quelque chose ils se vengeroient sur moy. La Roine ma Mere respond, que s'il plaisoit à Dieu ie n'aurois point de mal ; mais quoy que ce fut il falloit que i'allasse, de peur de leur faire soupçonner quelque chose.

*Page* 109. *ligne* 3. à vne escharpe colombine que portoit vn des siens comme luy, *lisez*, à vne escharpe colombine où il portoit son bras droit blessé, bien à propos pour eux, qui en eussent senti la force ; qui furent toutesfois bien soustenus de cette petite troupe d'honnestes gens qui estoient auec luy, à qui l'inopinée rencontre ny l'horreur de la nuict n'osta le cœur ny le iugement ; mais faisants autant de preuue de leur valeur que de l'affection qu'ils auoient à leur ami, à force d'armes le passerent iusques à son logis, sans perdre aucun de leur troupe, qu'vn gentil'homme qui auoit esté nourry auec luy,

qui ayant esté blessé auparauant à vn bras por-
toit vne escharpe colôbine côme luy, mais &c.
*Page* 116. *ligne* 1. Chaueri, *lisez,* Changi.
*Page* 123. *ligne* 12. où il se trouua suiui du car-
rosse d'vne Dame, *lisez,* où il trouua Simié auec
le carrosse d'vne Dame.
*Page* 183. *ligne* 20. il n'auoit iamais voulu voir
Dom Iean, qui ne l'auoit osé forcer, *lisez,* il
n'auoit neantmoins iamais voulu voir Dom
Iean, ny permettre que luy ny aucun de la part
de l'Espagnol entrast en son gouuernement;
Dom Iean ne l'ayant osé forcer.
*Page* 219. *ligne* 5. la Bressiere, *lisez,* la Boëssiere.
*Page* 232. *ligne* 16. qu'il venoit entre luy, *lisez,*
qu'il viuoit neutre.
*Page* 312. *ligne* 15. à la Rochelle, *lisez,* à la
Reolle.

Par tout où vous treuuerez ces noms, *de Cossé*
*&, de Coste,* remettez, *de Losse.*

## *Extraict du priuilege du Roy.*

PAR grace & priuilege du Roy, en datte du dernier iour d'Octobre mil six cens vingt-huict, signé Fauure, & seellé ; Il est permis à Charles Chappellain Imprimeur à Paris, d'imprimer, vendre, & distribuer vn liure intitulé, *Les memoires de la Roine Marguerite*, Et ce pendant le temps de six années consecutiues. Auec deffenses à tous autres Imprimeurs & Libraires de le contrefaire, sur peine aux contreuenans de côfiscation des exemplaires, & de huict cens liures d'amende, applicable moitié au Roy, & l'autre audit exposant, ainsi que plus amplement est porté par ledit priuilege.

*Enregistré le huictiesme iour du mois de Nouembre mil six cens vingt-huict.*

# LIVRE PREMIER.

IE loüerois dauantage voſtre œuure ſi elle ne me loüoit tant; ne voulant qu'on attribuë la loüange que i'en ferois pluſtoſt à la philaſtie qu'à la raiſon, & ainſi que l'on penſe que comme Themiſtocle i'eſtime celuy dire le mieux qui me loüe le plus. C'eſt vn commun vice aux femmes, de ſe plaire aux loüanges bien que non meritées. Ie blaſme mon ſexe en cela, & n'en voudrois tenir cette condition. Ie tiens neantmoins à beaucoup de gloire qu'vn ſi honneſte homme que vous m'aye voulu peindre d'vn ſi riche pinceau. En ce portrait l'ornement du tableau

ſurpaſſe de beaucoup l'excellence
de la figure que vous en auez voulu rendre le ſujet. Si i'ay eu quelques parties de celles que vous
m'attribuez, les ennuis les effaçans
de l'exterieur, en ont auſſi effacé la
ſouuenance de ma memoire. De
ſorte que me remirant en voſtre
diſcours, ieferois volontiers comme la vieille Madame de Rendan,
qui ayant demeuré depuis la mort
de ſon mary ſans voir ſon miroir,
rencontrant par fortune ſon viſage dans le miroir d'vn autre, demanda qui eſtoit celle-là. Et bien
que mes amis qui me voyent me
veulent perſuader le contraire, ie
tiens leur iugement pour ſuſpect,
comme ayans les yeux faſcinez de
trop d'affection. Ie crois que quād
vous viendrez à la preuue, vous

ferez en cela de mon cofté, & direz, comme fouuent ie l'efcris, par ces vers de du Bellay ; *C'eft chercher Rome en Rome, & rien de Rome en Rome Ne trouuer.* Mais cóme l'on fe plaift à lire la deftruction de Troye, la grandeur d'Athenes, & de telles puiffantes villes lors qu'elles floriffoient, bien que les veftiges en foient fi petits qu'à peine peut-on remarquer où elles ont efté ; ainfi vous plaifez-vousà defcrire l'excellence d'vne beauté, bien qu'il n'en refte aucun veftige ny témoignage que vos efcrits. Si vous l'auiez fait pour reprefenter le contrafte de la nature & de la fortune, plus beau fujet ne pouuiez-vous choifir ; les deux y ayantsà l'enuy fait effay de l'effort de leur puiffance. En celuy de la nature, en ayant

efté témoin oculaire, vous n'y auez
befoin d'inftruction. Mais en celuy de la fortune , ne le pouuant
décrire que par rapport ( qui eft
fujet d'eftre fait par des perfonnes
ou mal informées ou mal affectió-
nées , qui ne peuuent repréfenter
le vray ou par ignorance ou par
malice ) i'eftime que vous receurez
plaifir d'en auoir les memoires de
qui le peut mieux fçauoir, & de qui
a plus d'intereft à la verité de la def-
cription de ce fujet. I'y ay auffi efté
conuiée par cinq ou fix remarques
que i'ay faites en voftre difcours,
où il y a de l'erreur; qui font, lors
que vous parlez de ma peau & de
mon vifage de France; quand vous
parlez de feu Monfieur le Marefchal de Biron ; quand vous parlez
d'Agen , & auffi de la fortie de ce

lieu du Marquis de Canillac. Ie
traceray mes Memoires, à qui ie ne
donneray vn plus glorieux nom,
bien qu'ils meritaſſent celuy d'Hiſtoire, pour la verité qui y eſt con-
tenuë nuëment & ſans ornement
aucun, ne m'en eſtimant pas capa-
ble, & n'en ayant auſſi maintenant
le loiſir. Cet œuure donc d'vne
aprés-diſnée ira vers vous comme
les petits ours, en maſſe lourde &
difforme, pour y receuoir ſa forma-
tion. C'eſt vn chaos, duquel vous
auez déja tiré la lumiere. Il reſte
l'œuure de cinq ou ſix autres iournées. C'eſt vne hiſtoire, certes, digne d'eſtre eſcrite par vn Caualier
d'honneur , vray François , nay
d'illuſtre maiſon, nourry des Rois
mes pere & freres, parent & familier amy des plus galantes & hon-

neftes femmes de noftre temps, de
la compagnie defquelles i'ay eu ce
bon-heur d'eftre la liaifon. Les
chofes precedentes auec celles des
derniers temps me contraignent
de commencer du temps du Roy
Charles, & au premier point où ie
me puiffe reffouuenir y auoir eu
quelque chofe remarquable à ma
vie. Partant comme les Geogra-
phes qui décriuent la terre, quand
ils font arriuez au dernier terme de
leur cognoiffance, difent ; Au delà
ce ne font que des deferts fablon-
neux , terres inhabitées , & mers
non nauiguées ; de mefme ie diray
n'y auoir au delà que le vague d'v-
ne premiere enfance , où nous vi-
uions pluftoft guidez par la nature
à la façon des plantes & des ani-
maux , que comme hommes regis

& gouuernez par la raiſon ; & laiſ-
ſeray à ceux qui m'ont gouuernée
en cet âge-là cette ſuperfluë recherche, où peut-eſtre en ces enfanti-
nes actions ſ'en trouueroit-il d'auſſi dignes d'eſtre écrites que celle de
l'enfance de Themiſtocles & d'A-
lexandre; l'vn ſ'expoſant au milieu
de la ruë deuant les pieds des cheuaux d'vn charretier qui ne ſ'eſtoit
à ſa priere voulu arreſter ; l'autre
mépriſant l'honneur du prix de la
courſe ſ'il ne le diſputoit auec des
Rois. Deſquelles pourroit eſtre la
repartie que ie feis au Roy mon pere peu de iours auant le miſerable
coup qui priua la France de repos
& noſtre maiſon de bon-heur.
N'ayant lors qu'enuiron quatre
où cinq ans , & me tenant ſur ſes
genoux pour me faire cauſer, il me

dit que ie choififfe celuy que ie
voulois pour mon feruiteur de
Mófieur le Prince de Ioinuille,qui
a depuis efté ce grand & infortuné
Duc de Guife, ou du Marquis de
Beaupreau fils du Prince de la Ro-
chefur-Yon ( en l'efprit duquel la
fortune pour auoir fait trop d'effort de fon excellence excita l'enuie de la fortune iufques à luy eftre
mortelle ennemie, le priuant par
la mort en fon an quatorziefme
des honneurs & couronnes qui
eftoient iuftement promifes à la
vertu & magnanimité qui relui-
foient en fon efprit ) tous deux fe
joüants auprés du Roy mon pere
moy les regardant.  Ie luy dis que
ie voulois le Marquis.  Il me dift;
Pourquoy? Il n'eft pas fi beau. (car
le Prince de Ioinuille eftoit blond

& blanc , & le Marquis de Beaupreau auoit le teint & les cheueux
bruns) Ie luy dis pource qu'il eſtoit
plus ſage , & que l'autre ne peut
durer en patience qu'il ne faſſe
tous les iours mal à quelqu'vn, &
veut touſiours eſtte le maiſtre. Augure certain de ce que nous auons
veu depuis. Et la reſiſtance auſſi
que ie feis pour conſeruer ma religion du temps du Colloque de
Poiſſi, où toute la Cour eſtoit in-
fectée d hereſie , aux perſuaſions
imperieuſes de pluſieurs Dames &
Seigneurs de la Cour , & meſmes
de mon frere d'Anjou, depuis Roy
de France, de qui l'enfance n'auoit
peu euiter l'impreſſion de la malheureuſe Huguenoterie , qui ſans
ceſſe me crioit de changer de religion , jettant ſouuent mes heures

dans le feu, & au lieu me donnant
des Pſalmes & prieres Huguenotes, me contraignant les porter;
leſquelles ſoudain que ie les auois
ie les baillois à Madame de Curtoge ma gouuernante, que Dieu m'a-
uoit fait la grace de conſeruer Catholique, laquelle me menoit ſouuent chez le bon-homme Monſieur le Cardinal de Tournon, qui
me conſeilloit & fortifioit à ſouffrir toutes choſes pour maintenir
ma religion, & me redonnoit des
heures & des chappellets au lieu de
ceux que m'auoit bruſlez mon frere d'Anjou. Et ſes autres particu-
liers amis qui auoient entrepris de
me perdre, me les retrouuant, ani-
mez de courroux m'injurioient, diſants que c'eſtoit enfance & ſottiſe
qui me le faiſoit faire ; Qu'il pa-

roiſſoit bien que ie n'auois point
d'entendement ; Que tous ceux
qui auoient de l'eſprit, de quelque
âge & ſexe qu'ils fuſſent , oyants
preſcher la charité ſ'eſtoient retirez
de l'abus de cette bigotérie. Mais
que ie ſerois auſſi ſotte que ma
gouuernante. Et mon frere d'Anjou y adjouſtant les menaces, diſoit
que la Roine ma mere me feroit
fouëtter. Ce qu'il diſoit de luy-
meſme ; car la Roine ma mere ne
ſçauoit point l'erreur où il eſtoit
tombé. Et ſoudain qu'elle le ſceut,
le táſa fort luy & ſes gouuerneurs,
& les faiſant inſtruire les contrai-
gniſt de reprendre la vraye, ſain-
cte, & ancienne Religion de nos
peres, de laquelle elle ne ſ'eſtoit ja-
mais departie. Ie luy reſpondis à
telles menaces, fondante en lar-

mes, comme l'âge de fept à huict ans où i'eftois lors y eft affez tendre, qu'il me fift fouëtter, & qu'il me fift tuer f'il vouloit, que ie fouffrirois tout ce que l'on me fçauroit faire pluftoft que de me damner. Affez d'autres refponfes, affez d'autres telles marques de iugement & de refolution f'y pourroient-elles trouuer ; à la recherche defquelles ie ne veux peiner, voulant commencer mes Memoires feulement du temps que ie fuis à la fuitte de la Roine ma mere pour n'en bouger plus. Car incontinent aprés le Colloque de Poiffi que les guerres commencerent, nous fufmes mon petit frere d'Alençon & moy, à caufe de noftre petiteffe, enuoyez à Amboife, où toutes les Dames de ce païs là fe retirerent auec nous;

mefme voftre tante Madame de Dampierre , qui me prift lors en amitié, qu'elle m'a continuée iufques à fa mort ; & voftre coufine Madame la Ducheffe de Rais, qui fceut en ce lieu la grace que la fortune luy auoit faite de la deliurer à la bataille de Dreux d'vn fafcheux, fon premier mary Monfieur d'Annebaut, qui eftoit indigne de poffeder vn fujet fi diuin & fi parfait. Ie parle icy du principe de l'amitié de voftre tante enuers moy , non de voftre coufine; bien que depuis nous en ayons eu de fi parfaitte, qu'elle dure encore & durera toufiours. Mais lors l'âge ancien de voftre tante & mon enfantine jeuneffe auoient plus de conuenance, eftant le naturel des vieilles gens d'aimer les petits enfans , & de ceux qui font en âge parfait , comme eſtoit lors voſtre couſine, de meſpriſer & haïr leur importune ſimplicité. I'y demeuray iuſques au commencemét du grand voyage, que la Roine ma mere me feit reuenir à la Cour pour ne bouger plus d'auprés d'elle. Duquel toutesfois ie ne parleray point , eſtant lors ſi ieune que ie n'en ay peu conſeruer la ſouuenance qu'en gros , les particularitez s'eſtants éuanoüies de ma memoire comme vn ſonge. Ie laiſſe à en diſcourir à ceux qui eſtants en âge plus meur, comme vous, ſe peuuent ſouuenir des magnificences qui furent faites par tout ; meſmes à Bar le Duc au baptefme de mon neueu le Prince de Lorraine; à Lyon à la venuë de Monſieur & de Madame de Sa-

uoye ; à Bayonne à l'entreueuë de
la Roine d'Eſpagne ma ſœur, &
de la Roine ma mere , & du Roy
Charles mon frere ; là où ie m'aſſeure que vous n'oublierez de repreſenter le feſtin ſuperbe de la
Roine ma mere en l'Iſle , auec le
ballet , & la forme de la ſale qu'il
ſembloit que la nature euſt appro-
priée à cet effet ; ayant cerné dans
le milieu de l'Iſle vn grand pré en
ouale de bois de haute fuſtaye, où
la Roine ma mere diſpoſa tout à
l'entour de grandes niches,& dans
chacune vne table ronde à douze
perſonnes ; la table de leurs Ma-
jeſtez ſeulement s'eſleuoit au bout
de la ſale ſur vn haut dais de quatre
degrez de gazons. Toutes ces tables ſeruies par trouppes de diuer-
ſes Bergeres habillées de toille d'or

& de fatin, diuerfement felon les habits diuers de toutes les Prouinces de France. Lefquelles Bergeres à la defcente des magnifiques batteaux (fur lefquels venât de Bayonne à cette Ifle l'on fuft toufiours accompagné de la mufique de plufieurs Dieux marins, chantants & recitants des vers autour du batteau de leurs Majeftez) s'eftoient trouué chaque trouppe en vn pré à part aux deux coftez d'vne grande allée de peloufe dreffée pour aller à la fufdite fale, chaque trouppe danfant à la façon de fon païs ; les Poiteuines auec la cornemufe ; les Prouençales la volte auec les cimballes; les Bourguignones & Cháṗenoifes auec le petit haut-bois, le deffus de violon, & tabourins de de village ; les Bretonnes danfans

les

les paſſepieds & branles-gais ; &
ainſi toutes les autres Prouinces.
Aprés le ſeruice deſquelles & le
feſtin finy l'on veit auec vne grande trouppe de Satyres muſiciens
entrer ce grand rocher lumineux,
mais plus eſclairé des beautez &
pierreries des Nymphes qui ſe faiſoit deſſus leur entrée que des arti-
ficielles lumieres; leſquelles deſcen-
dantes vindrent danſer ce beau
ballet, duquel la fortune enuieuſe
ne pouuant ſupporter la gloire, feit
orager vne ſi eſtrange pluye &
tempeſte, que la confuſion de la re-
traitte qu'il falloit faire la nuit par
batteaux apporta le lendemain autant de bons contes pour rire, que
ce magnifique appareil de feſtin
auoit apporté de contentement, &
en toutes les ſuperbes entrées qui

leur furent faites aux villes principales de ce Royaume, duquel ils
visiterent toutes les Prouinces.

Au regne du magnanime Roy
Charles mon frere, quelques années aprés le retour du grád voyage, les Huguenots ayants recom-
mencé la guerre, le Roy & la Roine ma mere estans à Paris, vn Gentil-homme de mon frere d'Anjou,
qui depuis a esté Roy de France,
arriua de sa part pour les aduertir
qu'il auoit reduit l'armée des Huguenots à telle extrémité, qu'il es-
peroit qu'ils seroient contraints de
venir dans peu de iours à la bataille, & qu'il les supplioit auant cela
qu'il eust cet honneur de les voir, à
fin que si la fortune, enuieuse de
la gloire qu'en si ieune âge il auoit
acquise, vouloit en cette desirée

iournée, aprés auoir fait vn bon
feruice à fon Roy, à fa religion, &
à cet Eſtat, ioindre le triomphe de
fa victoire à celuy de fes funerailles, il partiſt de ce monde auec
moins de regret, les ayans laiſſez
tous deux fatisfaits en la charge
qu'ils luy auoient fait l'honneur de
luy commettre; dequoy il s'eſtime-
roit plus glorieux, que des deux
trophées qu'il s'eſtoit acquis par
fes deux premieres victoires. Si ces
parolles toucherent au cœur d'vne
fi bonne mere qui ne viuoit que
pour fes enfans, abandonnant à
toute heure fa vie pour conferuer
la leur & leur Eſtat, & qui fur tout
cheriſſoit celuy-là, vous le pouuez
iuger. Soudain elle fe refoluſt de
partir auec le Roy, le menant auec
elle, & des femmes la petite troup-

pe accouſtumée, Madame de Rais, Madame de Sauue, & moy. Eſtant portée des aiſles du deſir & de l'affection maternelle elle feit le chemin de Paris à Tours en trois iours & demy ; qui ne fuſt ſans incommodité, & beaucoup d'accidents dignes de riſée, pour y eſtre le pauure Monſieur le Cardinal de Bourbon qui ne l'abandonnoit iamais, qui toutesfois n'eſtoit de taille, d'humeur, ny de complexion pour telles coruées. Arriuant au Pleſſis lez Tours, mon frere d'Anjou s'y trouua auec les principaux chefs de ſes armées, qui eſtoient la fleur des Princes & Seigneurs de France, en la preſence deſquels il feit vne harangue au Roy, pour luy rendre raiſon de tout le maniement de ſa charge depuis qu'il eſtoit party de

la Cour, faite auec tant d'art & d'e-
loquence , & redite auec tant de
grace, qu'il se feit admirer de tous
les affiftans; & d'autant plus que fa
grande ieuneffe releuoit & faifoit
dauantage paroiftre la prudence
de fes parolles , plus conuenable à
vne barbe grife & à vn vieux Capitaine , qu'à vne adolefcence de
feize ans , en laquelle les lauriers
de deux batailles gaignées luy cei-
gnoient defia le front ; & la beauté, qui rend toute action agreable,
floriffoit tellement en luy , qu'il
fembloit qu'elle feit à l'enuy auec
fa bonne fortune laquelle des deux
le rendroit plus glorieux. Ce qu'en
reffentoit ma mere , qui l'aimoit
vniquement, ne fe peut reprefenter par parolles , non plus que le
deuil du pere d'Iphigenie; & à tou-

te autre qu'à elle , de l'ame de laquelle la prudence ne defempara
iamais , l'on euſt aiſément cognu
le tranſport qu'vne ſi exeſſiue ioye
luy cauſoit.  Mais elle moderant
ſes actions comme elle vouloit,
monſtrant en apparence que le diſ-
cret ne fait rien qu'il ne vueille faire, ſans s'amuſer à publier ſa ioye,
& pouſſer les loüanges dehors
qu'vne action ſi belle d'vn fils ſi
parfait & ſi chery meritoit , prinſt
ſeulement les points de ſa harangue qui concernoient les faits de la
guerre, pour en faire deliberer aux
Princes & Seigneurs là preſents, &
y prendre vne bonne reſolution,
& pouruoir aux choſes neceſſaires
pour la côtinuation de cette guerre.  A la diſpoſition dequoy il fuſt
neceſſaire de paſſer quelques iours

en ce lieu ; vn deſquels la Roine
ma mere ſe promenant dans le
parc auec quelques Princes , mon
frere d’Anjou me pria que nous
nous promenaſſions en vne allée à
part , où eſtant il me parla ainſi;
Ma ſœur , la nourriture que nous
auós priſe enſemble ne nous oblige moins à nous aimer que la pro-
ximité.  Auſſi auez-vous peu cognoiſtre qu’entre tous ceux que
nous ſommes de freres , i’ay touſiours eu plus d’inclination de vous
vouloir du bien qu’à tout autre ; &
ay recognu auſſi que voſtre naturel vous portoit à me rendre meſme amitié.  Nous auons eſté iuſques icy naturellement guidez à
cela ſans aucun deſſein , & ſans que
telle vnion nous apportaſt aucune
vtilité que le ſeul plaiſir que nous

B iiij

auions de conuerfer enfemble. Cela a efté bon pour noftre enfance;
mais à cette heure il n'eft plus téps
de viure en enfans. Vous voyez
les belles & grandes charges où
Dieu m'a appellé, & où la Roine
noftre bonne mere m'a efleué.
Vous deuez croire que vous eftant
la chofe du monde que i'aime &
cheris le plus , ie n'auray iamais
grandeurs ny biens à quoy vous
ne participiez. Ie vous cognois affez d'efprit & de iugement pour
me pouuoir feruir auprés de la Roine ma mere, pour me maintenir en
la fortune où ie fuis. Or mon principal appuy eft d'eftre conferué en
fa bonne grace. Ie crains que l'abfence m'y nuife ; & toutesfois la
guerre & la charge que i'ay me
contraignent d'eftre prefque touf-

iours efloigné. Cependant le Roy
mon frere eft toufiours auprez d'elle, la flatte, & luy complaift en
tout. Ie crains qu'à la longue cela
ne m'apporte prejudice, & que le
Roy mon frere deuenant grand,
eftant courageux comme il eft, ne
s'amufe toufiours à la chaffe, mais
deuenant ambitieux vueille changer celle des beftes à celle des hommes, m'oftant la charge de Lieutenant de Roy qu'il m'a donnée,
pour aller luy-mefme aux armées.
Ce qui me feroit vne ruine & defplaifir fi grand, qu'auant que receuoir vne telle cheute i'eflirois
pluftoft vne cruelle mort. En
cette apprehenfion fongeant les
moyens pour y remedier, ie trouue qu'il m'eft neceffaire d'auoir
quelques perfonnes tres-fidelles

qui tiennent mon party auprez de
la Roine ma mere. Ie n'en cognois
point de si propre comme vous,
que ie tiens comme vn secód moy-
mesme.  Vous auez toutes les parties qui s'y peuuét desirer, l'esprit, le
iugement, & la fidelité.  Pourueu
que vous me vouliez tant obliger
que d'y apporter de la subjection
(vous priant d'estre tousiours à son
leuer, à son cabinet, & à son coucher, & bref tout le iour) cela l'o-
bligera de se communiquer à vous;
auec ce que ie luy tesmoigneray
vostre capacité, & la consolation
& seruice qu'elle en receura , & la
supplieray de ne plus viure auec
vous comme auec vn enfant , mais
de s'en seruir en mon absence comme de moy.  Ce que ie m'asseure
qu'elle fera.  Parlez-luy auec as-

feuráce comme vous faites à moy,
& croyez qu'elle vous aura agreable. Ce vous sera vn grand heur
& bon-heur d'estre aimée d'elle.
Vous ferez beaucoup pour vous &
pour moy ; & moy ie vous tien-
dray, aprez Dieu, pour la conseruation de ma bonne fortune.

Ce langage me fust fort nouueau, pour auoir iusques alors ves-
cu sans dessein , ne pensant qu'à
danser ou aller à la chasse , n'ayant
mesme la curiosité de m'habiller
ny paroistre belle, pour n'estre en
l'âge de telle ambition , & auoir
esté nourrie auec telle contrainte
auprez de la Roine ma mere , que
non seulement ie ne luy osois parler, mais quand elle me regardoit
ie transsissois, de peur d'auoir fait
quelque chose qui luy despleust.

Peu s'en fallut que ie ne luy refpó-
diffe comme Moïfe à Dieu en la
vifion du buiffon ; Que fuis-ie
moy ? Enuoye celuy que tu dois
enuoyer. Toutesfois trouuant en
moy ce que ie ne penfois pas qui y
fuft , des puiffances excitées par
l'objeƈt de fes parolles, qui auparauant m'eftoient incognuës , bien
que née auec affez de courage, re-
uenát en moy de ce premier efton-
nement, ces parolles me pleurent,
& me fembla à l'inftant que i'eftois
transformée , & que i'eftois deue-
nuë quelque chofe de plus que ie
n'auois efté iufques alors. Tellement que ie commençay à prendre confiance de moy-mefme , &
luy dis; Mon frere, fi Dieu me donne la capacité & la hardieffe de parler à la Roine ma mere , comme

i'ay la volonté de vous feruir en ce que vous defirez de moy, ne doutez point que vous n'en retiriez l'vtilité & le contentement que vous vous en eftes propofé. Pour la fubjection, ie la luy rendray telle que vous cognoiftrez que ie prefere voftre bien à tous les plaifirs du monde. Vous auez raifon de vous affeurer de moy ; car rien au monde ne vous honore & aime tant que moy. Faites eftat que moy eftant auprez de la Roine ma mere vous y ferez vous-mefmes, & que ie n'y feray que pour vous. Ie proferay ces parolles trop mieux du cœur que de la bouche ; ainfi que les effets le tefmoignerent. Car eftans partis de là, la Roine m'appella à fon cabinet, & me dift ; Voftre frere m'a dit les difcours que vous auez eu enſemble, & ne vous tient pour vn enfant. Auſſi ne le veux-ie plus faire. Ce me ſera vn grand plaiſir de vous parler comme à voſtre frere. Rédez-vous ſub-jecte auprés de moy, & ne craignez point de me parler librement ; car ie le veux ainſi. Ces parolles firent reſſentir à mon ame ce qu'elle n'a-uoit iamais reſſentie, vn contente-ment ſi démeſuré , qu'il me ſem-bloit que tous les contentements que i'auois eus iuſques alors n'e-ſtoient que l'ombre de ce bien, re-gardant au paſſé d'vn œil dédai-gneux , les exercices de mon en-fance , la danſe , la chaſſe , & les compagnies de mon âge,& les mé-priſant comme des choſes trop fol-les & trop vaines. I'obeïs à cet agreable commandemét, ne man-

quant vn feul iour d'eſtre des premieres à ſon leuer , & des denieres
à ſon coucher.  Elle me faiſoit cet
honneur de me parler quelquefois
deux ou trois heures , & Dieu me
faiſoit cette grace qu'elle reſtoit ſi
ſatisfaite de moy , qu'elle ne s'en
pouuoit aſſez loüer à ſes femmes.
Ie luy parlois touſiours de mon frere , & luy eſtoit aduerty de tout ce
qui ſe paſſoit auec tant de fidelité,
& que ie ne reſpirois autre choſe
que ſa volonté.

Ie fus en cette heureuſe condition quelque temps auprez de la
Roine ma mere , durant lequel la
bataille de Montcontour ſe bailla;
auec la nouuelle de laquelle mon
frere d'Anjou, qui ne tendoit qu'à
eſtre touſiours auprez de la Roine
ma mere , luy mandoit qu'il s'en

alloit affieger fainct Iean d'Angely, & que la prefence du Roy &
d'elle feroit neceffaire en ce fiege.
Elle plus defireufe que luy de le
voir, fe refoluft foudain de partir,
ne menant auec elle que la trouppe
ordinaire, de laquelle i'eftois, &
i'allois d'vne ioye extrémement
gráde fans preuoir le malheur que
la fortune m'y auoit preparé. Trop
ieune que i'eftois & fans experience ie n'auois à fufpecte cette prof-
perité; & penfant le bien duquel ie
iouïffois permanent, fans me dou-
ter d'aucun changement i'en faifois eftat affeuré. Mais l'enuieufe
fortune qui ne pût fupporter la
durée d'vne fi heureufe condition,
me preparoit autant d'ennuy à cette arriuée, que ie me promettois de
plaifir par la fidelité de laquelle ie
penfois

penſois auoir obligé mon frere.
Mais depuis qu'il eſtoit party il
auoit proche de luy le Guaſt, duquel il eſtoit tellement poſſedé,
qu'il ne voyoit que par ſes yeux, &
ne parloit que par ſa bouche.  Ce
mauuais homme né pour mal faire
ſoudain faſcina ſon eſprit , & le
remplit de mille tyranniques ma-
ximes ; Qu'il ne falloit aimer ny ſe
fier qu'à ſoy-meſme ; Qu'il ne falloit ioindre perſonne à ſa fortune,
non pas meſmes ny frere ny ſœur;
& autres tels beaux preceptes Ma-
chiaueliſtes. Leſquels imprimât en
ſon eſprit & les reſoluant en prat-
tique , ſoudain que nous fuſmes
arriuez, aprez les premieres ſaluta-
tions, ma mere ſe mit à ſe loüer de
moy , & luy dire combien fidellement ie l'auois ſeruy auprez d'elle.
C

Il luy refpondit froidement qu'il
eſtoit bien aiſe qu'il luy euſt bien
reüſſi, l'en ayant ſuppliée : mais que
la prudence ne permettoit pas que
l'on ſe pûſt ſeruir de meſmes expedients en tout temps, & que ce qui
eſtoit neceſſaire à vne certaine heure pourroit eſtre nuiſible à vne autre.　Elle luy demanda pourquoy
il diſoit cela.　Sur ce luy voyant le
temps de l'inuention qu'il auoit
fabriquée pour me ruiner , luy dit
que ie deuenois belle, & que Monſieur de Guyſe me vouloit rechercher , & que ſes oncles aſpiroient à
me le faire eſpouſer ; Que ſi ie ve-
nois à y auoir de l'affection, il ſeroit
à craindre que ie luy deſcouuriſſe
tout ce qu'elle me diroit ; Qu'elle
ſçauoit l'ambition de cette maiſon
là , & combien elle auoit touſiours

trauerſé la noſtre. Pour cette occaſion il ſeroit bon qu’elle ne me
parlaſt plus d’affaires, & que peu à
peu elle ſe retiraſt de ſe familiariſer
auec moy. Dés le ſoir meſme ie recognus le changement que ce pernicieux conſeil auoit fait en elle ; &
voyant qu’elle craignoit de me parler deuant mon frere, m’ayant
commandé trois ou quatre fois cependant qu’elle parloit à luy de
m’aller coucher, i’attendis qu’il
fuſt ſorty de ſa chambre, puis m’ap-
prochant d’elle ie la ſuppliay de me
dire ſi par ignorance i’auois eſté ſi
malheureuſe d’auoir fait choſe qui
luy euſt dépleu. Elle me le vouluſt
du commencement diſſimuler ; en
fin elle me diſt ; Ma fille, voſtre frere eſt ſage ; il ne faut pas que vous
luy en ſçachiez mauuais gré; ce que

ie vous diray ne tend qu'à bien. Et
me fift tout ce difcours , me com-
mandât que ie ne luy parlaffe plus
deuant mon frere.   Ces parolles
me furent autant de pointes dans
le cœur , que les premieres lors
qu'elle me receut en fa bonne grace m'auoient efté de ioye.  Ie n'ob-
mis rien à luy reprefenter de mon
innocence ; Que c'eftoit chofe dequoy ie n'auois iamais ouy parler;
& quand il auroit ce deffein , il ne
m'en parleroit iamais que foudain
ie ne l'aduertiffe. Mais ie n'aduan-
çay rien ; car l'impreffion des parolles de mon frere luy auoient tellement occupé l'efprit , qu'il n'y
auoit plus lieu pour aucune raifon
ny verité.  Voyant cela , ie luy dis
que ie reffentois moins le mal de la
perte de mon bon-heur, que ie n'a-

uois fenty le bien de fon acquifi-
tion ; Que mon frere me l'oftoit
comme il me l'auoit donné. Car il
me l'auoit fait auoir fans merite,
me loüant lors que ie n'en eftois
pas digne; & qu'il m'en priuoit auffi fans l'auoir demerité, fur vn fujet
imaginaire qui n'auoit nul eftre
qu'en fa fantaifie; Que ie la fuppliois de croire que ie conferuerois
immortelle la fouuenance de tout
ce que mon frere me faifoit. Elle
s'en courrouça , me commandant
de ne luy en monftrer nulle apparence. Depuis ce iour - là elle alla
toufiours me diminuant fa faueur,
faifant de fon fils fon idole, le voulant contenter en cela & en tout ce
qu'il defiroit d'elle. Cet ennuy me
preffant le cœur, & poffedant toutes les facultez de mon ame, & ren-

dant mon corps plus propre à receuoir la contagion du mauuais
air qui eſtoit lors en l'armée, ie tombay à quelques iours de là extrémement malade d'vne grande fiéure continuë & du pourpre, maladie qui couroit lors, & qui auoit
en meſme temps emporté les deux
premiers Medecins du Roy & de
la Roine, Chappellain & Caſtelan,
comme ſe voulant prendre aux
bergers pour auoir meilleur mar-
ché du trouppeau. Auſſi en eſchap-
pa-t'il fort peu de ceux qui en furent atteints. Moy eſtant en cette
extrémité, la Roine ma mere qui
ſçauoit vne partie de la cauſe, n'ob-
mettoit rien pour me faire ſecourir, prenant la peine ſans craindre
le danger d'y venir à toute heure.
Ce qui ſoulageoit bien mon mal:

mais la diſſimulation de mon frere
me l'augmentoit bien autant , qui
aprez m'auoir fait vne ſi grande
trahiſon , & rendu vne ſi grande
ingratitude , ne bougeoit iour &
nuiɛt du cheuet de mon lit, me ſer-
uant auſſi officieuſement que ſi
nous euſſions eſté au temps de noſtre plus grande amitié.  Moy qui
auois par commandement la bouche fermée, ne reſpondois que par
ſouſpirs à ſon hypocriſie , comme
Burrus feit à Neron , lequel mou-
ruſt par le poiſon que ce tyran luy
auoit fait donner, luy teſmoignant
aſſez que la cauſe de mon mal eſtoit
la contagion des mauuais offices,&
non celle de l'air infeɛté. Dieu eut
pitié de moy & me garantit de ce
dáger ; & aprez quinze iours paſſez
l'armée  partant  l'on  m'emporta

dans des brancars, où tous les foirs
arriuant à la couchée ie trouuois le
Roy Charles, qui prenoit la peine
auec tous les honneftes gens de la
Cour de porter ma littiere iufques
au cheuet de mon lit. En cet eftat
ie vins de fainct Iean d'Angely à
Angers, malade du corps, mais
beaucoup plus malade de l'ame, où
pour mon malheur ie trouuay
Monfieur de Guife & fes oncles arriuez. Ce qui refiouït autant mon
frere, pour donner couleur à fon
artifice, qu'il me donna d'apprehenfion d'accroiftre ma peine.
Lors mon frere pour mieux conduire fa trame venoit tous les iours
à ma chambre, y menant Monfieur de Guife qu'il faignoit d'aimer fort. Et pour l'y faire penfer,
fouuent en l'embraffant il luy di-

soit ; Pleuit à Dieu que tu fuſſe mon frere. A quoy Monſieur de Guiſe monſtroit ne point entendre. Mais moy qui ſçauois la malice, perdois patience de n'oſer luy reprocher ſa diſſimulation. Sur ce temps il ſe parla pour moy du mariage du Roy de Portugal, qui enuoya des Ambaſſadeurs pour me demander. La Roine ma mere me commanda de me parer pour les receuoir ; ce que ie feis. Mais mon frere luy ayant fait accroire que ie ne voulois point de ce mariage, elle m'en parla le ſoir m'en demandant ma volonté, penſant bien en cela trouuer vn ſujet pour ſe courroucer à moy. Ie luy dis que ma volonté n'auoit iamais dependu que de la ſienne, & que tout ce qui luy ſeroit agreable me le ſeroit auſ-

51. Elle me dift en cholere, comme l'on l'y auoit difpofée, que ce que ie difois ie ne l'auois point dans le cœur, & qu'elle fçauoit bien que le Cardinal de Lorraine m'auoit perfuadée de vouloir pluftoft fon neueu. Ie la fuppliay de venir à l'effet du mariage du Roy de Portugal, & lors elle verroit mon obeïffance. Tous les iours on luy difoit quelque chofe de nouueau fur ce fujet, pour l'aigrir contre moy & me tourmenter ; inuentions de la boutique de du Guaft. De forte que ie n'auois vn iour de repos ; car d'vn cofté le Roy d'Efpagne empefchoit que mon mariage ne fe feit, & de l'autre Monfieur de Guife eftant à la Cour feruoit toufiours de pretexte pour fournir de fujet à me faire perfecuter, bien que luy

ny nul de ſes parens ne m’euſt iamais parlé, & qu’il y euſt plus d’vn
an qu’il auoit commencé la recherche de la Princeſſe de Porcian.
Mais parce que ce mariage-là traiſ-
noit, on en rejettoit touſiours la
cauſe ſur ce qu’il aſpiroit au mien.
Ce que voyant, ie m’aduiſay d’eſ-
crire à ma ſœur Madame de Lorraine, qui pouuoit tout en cette
maiſon-là, pour la prier de faire
que Monſieur de Guiſe s’en allaſt
de la Cour, & qu’il eſpouſaſt
promptement la Princeſſe de Porcian ſa maiſtreſſe; luy repreſentant
que cette inuention auoit eſté faite
autant pour la ruine de Monſieur
de Guiſe & de toute ſa maiſon que
pour la mienne. Ce qu’elle recognuſt tres-bien, & vinſt bien toſt à
la Cour, où elle feit faire ledit ma-

riage ; me deliurant par ce moyen
de cette calomnie , & faisant cognoiſtre à la Roine ma mere la verité de ce que ie luy auois touſiours
dit. Ce qui ferma la bouche à tous
mes ennemis , & me donna repos.
Cependant le Roy d'Eſpagne , qui
ne veut que les ſiens s'allient hors
de ſa maiſon, rompit tout le mariage du Roy de Portugal , & ne s'en
parla plus. Quelques iours aprez
il ſe parla du mariage du Prince de
Nauarre , qui maintenant eſt noſtre braue & magnanime Roy , &
de moy. La Roine ma mere eſtant
vn iour à table en parla fort long
temps auec Monſieur de Meru,
parce que la maiſon de Montmo-
rancy eſtoient ceux qui en auoient
porté les premieres parolles. Sortant de table il me dit qu'elle luy

auoit-dit de m'en parler. Ie luy
dis que c'eſtoit choſe ſuperfluë,
n'ayant volóté que la ſienne. Qu'à
la verité ie la ſupplierois d'auoir eſ-
gard combien i'eſtois Catholique,
& qu'il me faſcheroit fort d'eſpouſer perſonne qui ne fuſt de ma religion. Aprez la Roine allant à ſon
cabinet m'appella , & me diſt que
Meſſieurs de Montmorency luy
auoient propoſé ce mariage , &
qu'elle en vouloit bien ſçauoir ma
volonté. Ie luy reſpondis n'auoir
ny volóté ny eſlection que la ſienne, & que ie la ſuppliois ſe ſouuenir que i'eſtois fort Catholique.
Au bout de quelque temps les propos s'en continuants touſiours , la
Roine de Nauarre ſa mere vint à la
Cour , où le mariage fuſt du tout
accordé auant ſa mort ; à laquelle

il se passa vn trait si plaisant, qui ne
merite d'estre mis en l'histoire,
mais de le passer sous silence entre
vous & moy. Madame de Neuers,
de qui vous cognoissez l'humeur,
estát venuë auec Monsieur le Cardinal de Bourbon , Madame de
Guise , Madame la Princesse de
Condé , ses sœurs & moy au logis
de la feuë Roine de Nauarre à Paris, pour nous acquiter du dernier
deuoir deu à sa dignité & à la pro-
ximité que nous luy auions , non
auec les pompes & ceremonies de
nostre religion , mais auec le petit
appareil que permettoit la Huguenoterie ; à sçauoir elle dans son lit
ordinaire les rideaux ouuerts, sans
lumiere, sans Prestres , sans croix
& sans eau beniste , & nous nous
tenans à cinq ou six pas de son lit

auec le reste de la compagnie, Madame de Neuers qu'en son viuant elle auoit haïe plus que toutes les personnes du monde , & elle le luy ayant bien rendu & de volonté & de parolle , comme vous sçauez qu'elle en sçauoit bien vser à ceux qu'elle haïssoit , part de nostre trouppe , & auec plusieurs belles, humbles , & grandes reuerences s'approche de son lit , & luy prenant la main la luy baise ; puis auec vne grande reuerence pleine de respect se meit auprez de nous. Nous qui sçauions leur haine, estimans cela . . . . . . . . .

Quelques mois aprez ledit Prince de Nauarre, qui lors s'appelloit Roy de Nauarre , portant le dueil de la Roine sa mere, y vint accompagné de huict cens Gentils-hom-

mes tous en dueil, qui fuſt reçeu du
Roy & de toute la Cour auec beaucoup d'honneur ; & nos nopces ſe
feirent peu de iours aprez auec autant de triomphe & de magnifi-
cence que de nul autre de ma qualité ; le Roy de Nauarre & ſa
trouppe y ayants laiſſé & changé le
dueil en habits tres-riches & beaux,
& toute la Cour parée comme
vous ſçauez , & le ſçaurez trop
mieux repreſenter ; moy habillée à
la royalle auec la Couronne &
Couët d'hermine mouchetée qui
ſe met au deuant du corps , toute
brillante des pierreries de la Couronne, & le grand manteau bleu à
quatre aulnes de queuë portée par
trois Princeſſes ; les eſchaffaux
dreſſez à la couſtume des nopces
des filles de France depuis l'Eueſ-
ché

ché iusques à noftre Dame, & parez de drap d'or ; le peuple s'eftouffant en bas à regarder paſſer fur cet efchaffaut les nopces & toute la Cour , nous vinfmes à la porte de l'Eglife, où Monfieur le Cardinal de Bourbon qui faifoit l'office ce iour-là, nous ayant receu pour dire les parolles accouftumées en tel cas , nous paſſafmes fur le mefme efchaffaut iufques à la tribune qui fepare la nef d'auec le chœur, où il fe trouua deux degrez , l'vn pour defcendre audit chœur , & l'autre pour fortir de la nef hors de l'Eglife. Le Roy de Nauarre s'en allant par celuy de la nef hors de l'Eglife ..........

Nous eftans ainfi , la fortune qui ne laiſſe iamais vne felicité entiere aux humains , changea bien toft

D

cet heureux eſtat de triomphe &
de nopces en vn tout contraire, par
cette bleſſure de l'Admiral, qui of-
fença tellement tous ceux de la religion que cela les meit comme en
vn deſeſpoir. De ſorte que l'aiſné
Pardaillan & quelques autres des
chefs des Huguenots en parlerent
ſi haut à la Roine ma mere, qu'ils
luy firent penſer qu'ils auoient
quelque mauuaiſe intention. Par
l'aduis de Monſieur de Guiſe & de
mon frere le Roy de Pologne, qui
depuis a eſté Roy de France, il fuſt
pris reſolution de les preuenir.
Conſeil dequoy le Roy Charles ne
fuſt nullement, lequel affectionnoit Monſieur de la Rochefoucault, Teligny, la Nouë, & quelques autres des chefs de la religion,
deſquels il ſe penſoit ſeruir en Flã-

dre. Et, à ce que ie luy ay depuis
ouy dire à luy-mefme , il y euft
beaucoup de peine à l'y faire con-
fentir ; & fans ce qu'on luy fit entendre qu'il y alloit de fa vie & de
fon Eftat, il ne l'euft iamais fait. Et
ayant fceu l'attentat que Maureuel
auoit fait à Monfieur l'Admiral du
coup de piftolet qu'il luy auoit tiré par vne feneftre, dont le penfant
tuer il refta feulement bleffé à l'ef-
paule , le Roy Charles fe doutant
bien que ledit Maureuel auoit fait
ce coup à la fuafion de Monfieur
de Guife , pour la vengeance de la
mort de feu Monfieur de Guife
fon pere que ledit Admiral auoit
fait tuer de mefme façon par Pol-
trot , il en fuft en fi grande cholere
contre Monfieur de Guife , qu'il
iura qu'il en feroit iuftice. Et fi

Monſieur de Guiſe ne ſe fuſt tenu
caché tout ce iour-là, le Roy l'euſt
fait prendre. Et la Roine mere ne
ſe veit iamais plus empeſchée qu'à
faire entendre audit Roy Charles
que cela auoit eſté fait pour le bien
de ſon Eſtat, à cauſe de ce que i'ay
dit cy deſſus de l'affectió qu'il auoit
à Monſieur l'Admiral, à la Nouë,
& à Teligny, deſquels il gou-
ſtoit l'eſprit & valeur, eſtant Prince ſi genereux qu'il ne s'affectionnoit qu'à ceux en qui il recognoiſſoit telles qualitez. Et bien qu'ils
euſſent eſté tres-pernicieux à ſon
Eſtat, les renards auoient ſceu ſi
bien feindre qu'ils auoient gaigné
le cœur de ce braue Prince, pour
l'eſperance de ſe rendre vtiles à l'ac-
croiſſement de ſon Eſtat, & en luy
propoſant de belles & glorieuſes

entreprifes en Flandre ; feul attrait
de cette ame grande & royalle. De
forte que combien que la Roine
ma mere luy reprefentaft en cet ac-
cidét que l'affaffinat que l'Admiral
auoit fait faire à Monfieur de Guife rendoit excufable fon fils, fi n'a-
yant peu auoir iuftice il en auoit
voulu prendre luy-mefme vengeance ; qu'auffi l'affaffinat qu'a-
uoit fait ledit Admiral de Charry
Maiftre de camp de la garde du
Roy, perfonne fi valeureufe, & qui
l'auoit fi fidellement affiftée pendant fa Regence & la puerilité dudit Roy Charles , le rendoit digne
de tel traittement ; bien que telles
parolles peuffent faire iuger au
Roy Charles que la vengeance de
la mort dudit Charry n'eftoit pas
fortie du cœur de la Roine ma me-

re, fon ame paffionnée de douleur
de la perte des perfonnes qu'il pen-
foit, comme j'ay dit, luy eftre vn
iour vtiles offufqua tellement fon
jugement, qu'il ne pûft moderer
ny changer ce paffionné defir d'en
faire iuftice ; commandant toufiours qu'on cherchaft Monfieur
de Guife, qu'on le prift, & qu'il ne
vouloit point qu'vn tel acte de-
meuraft impuny. En fin comme
Pardaillan defcouurift par fes menaces au foupper de la Roine ma
mere la mauuaife intétion des Huguenots, & que la Roine vift que
cet accident auoit mis les affaires
en tels termes, que fi l'on ne preue-
noit leur deffein la nuit mefme ils
attenteroient contre le Roy & elle;
elle prift refolution de faire ouuer-
tement entendre audit Roy Char-

les la verité de tout, & le danger où
il eſtoit par Monſieur le Mareſchal
de Rais, de qui elle ſçauoit qu'il le
prendroit mieux que de tout autre, comme celuy qui luy eſtoit
plus confident & plus fauoriſé de
luy; lequel le vinſt trouuer en ſon
cabinet le ſoir ſur les neuf ou dix
heures, & luy dit que comme ſon
ſeruiteur tres-fidelle il ne luy pouuoit celer le danger où il eſtoit s'il
continuoit en la reſolution qu'il
auoit de faire iuſtice de Monſieur
de Guiſe, & qu'il falloit qu'il ſceuſt
que le coup qui auoit eſté fait de
l'Admiral n'auoit eſté par Monſieur de Guiſe ſeul, mais que mon
frere le Roy de Pologne, depuis
Roy de France, & la Roine ma
mere auoient eſté de la partie; Qu'il
ſçauoit l'extréme deſplaiſir que la

Roine ma mere receuſt à l'aſſaſſinat de Charry , comme elle en
auoit tres-grande raiſon , ayant
lors peu de tels feruiteurs qui ne
dependiſſent que d'elle , eſtant,
comme il ſçauoit , du temps de ſa
puerilité toute la France partie, les
Catholiques pour Monſieur de
Guiſe , & les Huguenots pour le
Prince de Condé , tendans les vns
& les autres à luy oſter ſa Couronne, qui ne luy auoit eſté conſeruée,
aprez Dieu, que par la prudence &
vigilance de la Roine ſa mere, qui
en cette extrémité ne s'eſtoit trouuée plus fidellement aſſiſtée que
dudit Charry ; Que dés lors il ſçauoit qu'elle auoit iuré de ſe venger
dudit aſſaſſinat ; Qu'auſſi voyoit
elle que ledit Admiral ne ſeroit iamais que tres - pernicieux en cet

Eſtat, & quelque apparence qu'il fiſt de luy auoir de l'affection & de vouloir ſeruir ſa Majeſté en Flandre, qu'il n'auoit autre deſſein que de troubler la France; Que ſon deſſein d'elle n'auoit eſté en cet affaire que d'oſter cette peſte de ce Royaume, l'Admiral ſeul; mais que le malheur auoit voulu que Maureuel auoit failly ſon coup, & que les Huguenots en eſtoient entrez en tel deſeſpoir, que ne s'en prenants pas ſeulement à Monſieur de Guiſe, mais à la Roine ſa mere & au Roy de Pologne ſon frere, ils croyoient auſſi que luy-meſme en fuſt conſentant, & auoient reſolu de recourir aux armes la nuict meſme. De ſorte qu'il voyoit ſa Majeſté en vn tres-grand danger, fuſt ou des Catholiques à cauſe de

Monſieur de Guiſe, ou des Huguenots pour les raiſons ſuſdites.
Le Roy Charles, qui eſtoit tres-
prudent, & qui auoit eſté touſiours
tres-obeïſſant à la Roine ma mere,
& Prince tres-Catholique, voyant
auſſi dequoy il y alloit, priſt ſoudain reſolution de ſe ioindre à la
Roine ſa mere, & ſe conformer à
ſa volonté, & garantir ſa perſonne
des Huguenots par les Catholiques ; non ſans toutefois extréme
regret de ne pouuoir ſauuer Teligny, la Nouë, & Monſieur de la
Rochefoucault. Et lors allant trouuer la Roine ſa mere, enuoya querir Monſieur de Guiſe & tous les
autres Princes & Capitaines Catholiques, où fuſt pris reſolution
de faire la nuiɕt meſme le maſſacre
de la ſainɕt Barthelemy.   Et met-

tants foudain la main à l'œuure, toutes les chefnes tenduës & le tocfin fonnant, chacun courut fus en fon quartier, felon l'ordre donné, tant à l'Admiral qu'à tous les Huguenots. Monfieur de Guife donna au logis de l'Admiral, à la chambre duquel Befme Gentilhomme Allemand eftant monté, aprez l'auoir dagué le ietta par les feneftres à fon maiftre Monfieur de Guife. Pour moy, l'on ne me difoit rien de tout cecy. Ie voyois tout le monde en action; les Huguenots defefperez de cette bleffure; Meffieurs de Guife craignans qu'on n'en vouluft faire iuftice fe fuchetans tous à l'oreilile. Les Huguenots me tenoient fufpecte parce que i'eftois Catholique, & les Catholiques parce que i'auois ef-

pousé le Roy de Nauarre qui eſtoit
Huguenot. De ſorte que perſonne ne m'en diſoit rien , iuſques au
ſoir qu'eſtãt au coucher de la Roine ma mere aſſiſe ſur vn coffre auprés de ma ſœur de Lorraine que
ie voyois fort triſte , la Roine ma
mere parlant à quelques vns m'apperceuſt, & me diſt que ie m'en allaſſe coucher. Comme ie faiſois la
reuerence , ma ſœur me prend par
le bras & m'arreſte , & ſe prenant
fort à pleurer me dit ; Mon Dieu
ma ſœur n'y allez pas. Ce qui m'ef-
fraya extrémement. La Roine ma
mere s'en apperceut, & appellant
ma ſœur ſe courrouça fort à elle &
luy deffendit de me rien dire. Ma
ſœur luy dit qu'il n'y auoit point
d'apparence de m'enuoyer ſacrifier
comme cela, & que ſans doute s'ils

voyoient quelque chofe qui empefchaft l'effet .........
Ie voyois bien qu'ils fe conteftoiét & n'entendois pas leurs parolles. Elle me commanda encore rudement que ie m'en allaffe coucher. Ma fœur fondant en larmes me dift bon-foir, fans m'ofer dire autre chofe; & moy ie m'en allay toute tranffie & efperduë, fans me pouuoir imaginer ce que i'auois à craindre. Soudain que ie fus en mon cabinet, ie me meits à prier Dieu qu'il luy plûft me prendre en fa protection, & qu'il me gardaft, fans fçauoir de quoy ny de qui. Sur cela le Roy mon mary qui s'eftoit mis au lit, me manda que ie m'en allaffe coucher. Ce que ie feis, & trouuay fon lit entourné de trente ou quarante Huguenots que ie ne

cognoiſſois point encore ; car il y
auoit fort peu de temps que i’eſtois
mariée. Toute la nuiċt ils ne firent
que parler de l’accident qui eſtoit
aduenu à Monſieur l’Admiral, ſe
reſoluants dés qu’il ſeroit iour de
demander iuſtice au Roy de Monſieur de Guiſe , & que ſi on ne la
leur faiſoit , ils ſe la feroient eux-
meſmes.    Moy i’auois touſiours
dás le cœur les larmes de ma ſœur,
& ne pouuois dormir pour l’ap-
prehenſion en laquelle elle m’a-
uoit miſe ſans ſçauoir de quoy. La
nuiċt ſe paſſa de cette façon ſans
fermer l’œil.   Au point du iour le
Roy mon mary dit qu’il vouloit
aller ioüer à la paume attendant
que le Roy Charles fuſt eſueillé, ſe
reſoluant ſoudain de luy demander iuſtice. Il ſort de ma chambre,

& tous ſes Gentils-hommes auſſi.
Moy voyant qu'il eſtoit iour, eſtimant que le danger que ma ſœur
m'auoit dit fuſt paſſé, vaincuë du
ſommeil ie dis à ma nourrice qu'elle fermaſt la porte pour póuuoir
dormir à mon aiſe.   Vne heure
aprez, comme i'eſtois le plus endormie, voicy vn homme frappant
des pieds & des mains à la porte,
& criant; Nauarre, Nauarre. Ma
nourrice penſant que ce fuſt le
Roy mon mary, court viſtement à
la porte.   Ce fuſt vn Gentil-homme nommé Monſieur de Tejan,
qui auoit vn coup d'eſpée dans le
coude & vn coup de hallebarde
dans le bras, & eſtoit encores pour-
ſuiuy de quatre archers qui entre-
rent tous aprez luy en ma chambre. Luy ſe voulant garantir ſe iet-

ta deſſus mon lit.  Moy ſentant ces hommes qui me tenoient , ie me iette à la ruelle , & luy aprez moy, me tenant iouſiours à trauers du corps.  Ie ne cognoiſſois point cet homme , & ne ſçauois s'il venoit là pour m'offenſer , ou ſi les archers en vouloient à luy ou à moy. Nous crions tous deux , & eſtions auſſi effrayez l'vn que l'autre.  En fin Dieu voulut que Monſieur de Nançay Capitaine des gardes y vinſt, qui me trouuant en cet eſtat là, encor qu'il y euſt de la compaſ-ſion , ne ſe pûſt tenir de rire ; & ſe courrouça fort aux archers de cet-te indiſcretion, les fit ſortir, & me donna la vie de ce pauure homme qui me tenoit , lequel ie feis cou-cher & penſer dans mon cabinet iuſques à tant qu'il fuſt du tout guery.

guery. Et changeant de chemiſe, parce qu'il m'auoit toute couuerte de ſang, Monſieur de Nançay me conta ce qui ſe paſſoit, & m'aſſeura que le Roy mon mary eſtoit dans la chambre du Roy, & qu'il n'auroit nul mal. Et me faiſant ietter vn manteau de nuiĉt ſur moy il m'emmena dans la chambre de ma ſœur Madame de Lorraine, où i'arriuay plus morte que viue, & entrant dans l'antichambre, de laquelle les portes eſtoient toutes ouuertes, vn Gentil-hóme nommé Bourſe ſe ſauuant des archers qui le pourſuiuoient, fuſt percé d'vn coup de halebarde à trois pas de moy. Ie tombay de l'autre coſté preſque eſuanouïe entre les bras de Monſieur de Nançay, & penſois que ce coup nous euſt percez tous

E

deux. Et eſtant quelque peu remiſe, i'entray en la petite chambre où
couchoit ma ſœur. Comme i'eſtois
là, Monſieur de Mioſſans premier
Gentil-homme du Roy mon mary, & Armagnac ſon premier val-
let de chambre m'y vindrent trouuer pour me prier de leur ſauuer la
vie. Ie m'allay ietter à genoux deuant le Roy & la Roine ma mere
pour les leur demander ; ce qu'en
fin ils m'accorderent. Cinq ou ſix
iours aprez ceux qui auoient commencé cette partie cognoiſſants
qu'ils auoient failly à leur principal
deſſein , n'en voulant point tant
aux Huguenots qu'aux Princes du
ſang , portoient impatiemment
que le Roy mon mary & le Prince
de Condé fuſſent demeurez. Et
cognoiſſants qu'eſtant mon mary

nul ne voudroit attenter contre
luy , ils ourdirent vne autre trame.
Ils vont perfuader à la Roine ma
mere qu'il me falloit demarier. En
cette refolution , eftant allée vn
iour de fefte à fon leuer que nous
deuions faire nos Pafques , elle me
prend à ferment de luy dire verité,
& me demanda fi le Roy mon mary eftoit homme , me difant que fi
cela n'eftoit elle auoit moyen de
me demarier. Ie la fuppliay de croire que ie ne me cognoiffois pas en
ce qu'elle me demandoit ( auffi
pouuois-ie dire alors comme cette
Romaine, à qui fon mary fe courrouçant de ce qu'elle ne l'auoit aduerty qu'il auoit l'haleine mauuaife , luy refpondit qu'elle croyoit
que tous les hommes l'euffent fem-
blable , ne s'eftant iamais appro-

chée d'autre homme que de luy)
mais quoy que ce fuſt, puis qu'elle
m'y auoit miſe i'y voulois demeurer; me doutant bien que ce qu'on
vouloit m'en ſeparer eſtoit pour
luy faire vn mauuais tour.

Nous accompagnaſmes le Roy
de Pologne iuſques à Beaumont,
lequel quelques mois auant que
partir de France s'eſſaya par tous
moyens de me faire oublier les
mauuais offices de ſon ingratitude,
& de remettre noſtre amitié en la
meſme perfection qu'elle auoit
eſté en nos premiers ans, m'y voulant obliger par ſerment & pro-
meſſes en me diſant à Dieu. Sa ſor-
tie de France, & la maladie du
Roy Charles, qui commença preſque en meſme temps, eſueilla l'eſprit des deux partis de ce Royau-

me, faifants diuers projets fur cet
Eftat. Les Huguenots ayants à la
mort de l'Admiral fait obliger par
efcrit figné le Roy mon mary &
mon frere d'Alençon à la vengeance de cette mort (ayants gaigné auant la fainct Barthelemy
mondit frere fous l'efperance de
l'eftablir en Flandre ) leur perfua-
dent comme le Roy & la Roine
ma mere reuiendroient en France
de fe defrober paffant en Champagne, pour fe ioindre à certaines
trouppes qui les deuoient venir
prendre là. Monfieur de Miof-
fans Gentil-homme Catholique
ayant aduis de cette entreprife, qui
eftoit pernicieufe au Roy fon maiftre, m'en aduertit pour empefcher
le mauuais effet qui euft apporté
tant de maux à eux & à cet Eftat.

E .iij

Soudain i'allay trouuer le Roy &
la Roine ma mere , & leur dis
que i'auois chofe à leur communiquer qui leur importoit fort, &
que ie ne la leur dirois iamais qu'il
ne leur pleuft me promettre que
cela ne porteroit aucun preiudice à
ceux que ie leur nommerois , &
qu'ils y remedieroient fans faire
femblant de rien fçauoir. Lors ie
leur dis que mon frere & le Roy
mon mary s'en deuoient le lendemain aller à des trouppes de Huguenots qui les venoiét chercher à
caufe de l'obligation qu'ils auoiét
faite à la mort de l'Admiral , qui
eftoit bien excufable par leurs enfans ; & que ie les fuppliois leur
pàrdonner , & fans leur en monftrer nulle apparence leur empefcher de s'en aller. Ce qu'ils m'ac-

corderent ; & fuſt l'affaire conduit
par telle prudence, que ſans qu'ils
pûſſent ſçauoir d'où leur venoit
cet empeſchement ils n'eurent iamais moyen d'eſchapper. Cela
eſtát paſſé nous arriuaſmes à ſainct
Germain, où nous feiſmes vn grád
ſeiour à cauſe de la maladie du
Roy. Durant lequel temps mon
frere d'Alençon employoit toutes
ſortes de recherches & moyens
pour ſe rendre agreable à moy, à
fin que ie luy voüaſſe amitié, comme i'auois fait au Roy Charles.
Car iuſques alors , pource qu'il
auoit eſté touſiours nourry hors de
la Cour, nous ne nous eſtions pas
gueres veuz, & n'auions pas grande familiarité. En fin m'y voyant
conuiée par tant de ſubmiſſions &
de ſujections & d'affection qu'il

E iiij

me tefmoignoit , ie me refolus de l'aimer & embraffer ce qui le concerneroit ; mais toutefois auec telle condition, que ce feroit fans preiudice de ce que ie deuois au Roy Charles mon bon frere, que i'honorois fur toutes chofes. Il me continua cette bien - vueillance, me l'ayant tefmoignée iufques à fa fin.

Durant ce temps la maladie du Roy Charles augmentant toufiours, les Huguenots ne ceffoient iamais de rechercher des nouuelletez , pretendants encor de retirer mon frere le Duc d'Alençon & le Roy mon mary de la Cour. Ce qui ne vint à ma cognoiffance comme la premiere fois. Mais toutefois Dieu permit que la mefche fe defcouurit à la Roine ma mere, fi prez

de l’effet, que les trouppes des Huguenots deuoient arriuer ce iour
là auprez de sainct Germain. Nous
fusmes contraints de partir deux
heures aprez minuit, & mettre le
Roy Charles dãs vne littiere pour
gaigner Paris; la Roine ma mere
mettant dans son chariot mon frere & le Roy mon mary, qui cette fois ne furent traittez si douce-
ment que l’autre. Car le Roy s’en
alla au bois de Vincennes, d’où il
ne leur permit plus de sortir. Et le
temps augmentant tousiours l’aigreur de ce mal, produisoit tousiours des nouueaux aduis au Roy
pour accroistre la messiãce & mes-
contentement qu’il auoit d’eux;
en quoy les artifices de ceux qui
auoient tousiours desiré la ruine de
noftre maison luy aidoient, com-

me ie croy, beaucoup. Ces mef-
fiances pafferent fi auant que Meffieurs les Marefchaux de Mont-
morancy & de Coffé en furent re-
tenus prifonniers au bois de Vincennes, & la Mole & le Comte de
Coconas en pâtirent de leur vie.
Les chofes en vindrent à tels termes que l'on deputa des Commif-
faires de la Cour de Parlemét pour
ouïr mon frere & le Roy mon mary, lequel n'ayant lors perfonne
de confeil auprez de luy me commanda de dreffer par efcrit ce qu'il
auoit à refpondre, à fin que par ce
qu'il diroit il ne mift ny luy ny perfonne en peine. Dieu me fift la
grace de le dreffer fi bien qu'il en
demeura fatisfait, & les Commif-
faires eftonnez de le voir fi bien
preparé. Et voyant que par la mort

de la Mole & du Comte de Coconas ils ſe trouuoient chargez en
ſorte que l'on craignoit de leur vie,
ie me reſolus ( encor que ie fuſſe ſi
bien auprez du Roy qu'il n'aimoit
rien tant que moy ) pour leur ſauuer la vie de perdre ma fortune;
ayant deliberé, comme ie ſortois &
entrois librement en coche ſans
que les gardes regardaſſent dedans
ny que l'on feit oſter le maſque à
mes femmes , d'en deſguiſer l'vn
d'eux en femme , & le ſortir dans
ma coche. Et pource qu'ils eſtoiét
trop eſclairez des gardes , & qu'il
ſuffiſoit qu'il y en eut vn d'eux dehors pour aſſeurer la vie de l'autre,
iamais ils ne ſe pûrent accorder lequel c'eſt qui ſortiroit , chacun
voulant eſtre celuy-là , & ne voulant demeurer. De ſorte que ce

deſſein ne ſe pûſt executer. Mais
Dieu y remedia par vn moyen bien
miſerable pour moy. Car il me priua du Roy Charles , tout l'appuy
& ſupport de ma vie , vn frere duquel ie n'auois receu que bien , &
qui en toutes les perſecutions que
mon frere d'Anjou m'auoit faites à
Angers m'auoit touſiours aſſiſtée,
& aduertie, & conſeillée.  Bref ie
perdis en luy tout ce que ie pouuois perdre. Aprez ce deſaſtre, malheureux pour la France & pour
moy, nous allaſmes à Lyon au deuant du Roy de Pologne , lequel
poſſedé encore par le Guaſt rendiſt
de meſmes cauſes meſmes effets, &
croyant aux aduis de ce pernicieux
eſprit, qu'il auoit laiſſé en France
pour maintenir ſon party, conceut
vne extréme jalouſie contre mon

frere d'Alençon, ayant pour suf-
pecte & portant impatiemment
l'ynion de luy & du Roy mon mary, estimant que i'en fusse le lien &
le seul moyen qui maintenoit leur
amitié, & que les plus propres expedients pour les diuiser estoient
d'vn costé de me broüiller & mettre en mauuais mesnage auec le
Roy mon mary, & d'autre de faire
que Madame de Sauue, qu'ils fer-
uoient tous deux, les mesnageast
tous deux de telle façon qu'ils en-
trassent en extréme jalousie l'vn de
l'autre.   Cet abominable dessein,
source & origine de tant d'ennuis,
de trauerses,  & de maux que mon
frere & moy auós depuis soufferts,
fust poursuiuy auec autant d'animosité, de ruses, & d'artifices qu'il
auoit esté pernicieusement inuen-

té. Quelques vns tiennent que
Dieu a en particuliere protection
les grands, & qu'aux efprits oû il
reluit quelque excelléce non commune, il leur donne par des bons
genies quelques fecrets aduertiffe-
ments des accidents qui leur font
preparez ou en bien ou en mal;
comme à la Roine ma mere, que
iuftement l'on peut mettre de ce
nombre, il s'en eft veu plufieurs
exemples. Mefme la nuit deuant
la miferable courfe elle fongea que
elle voyoit le feu Roy mon pere
bleffé en l'œil, comme il fuft ; &
eftant efueillée elle le fupplia plufieurs fois de ne vouloir point courir ce iour-là, & vouloir fe contenter de voir le plaifir du tournois
fans en vouloir eftre. Mais l'ineui-
table deftinée ne permift tant de

bien à ce Royaume qu'il pûft receuoir cet vtile confeil. Elle n'a auffi
iamais perdu aucun de fes enfans
qu'elle n'aye veu vne fort grande
flamme, à laquelle foudain elle s'ef-
crioit ; Dieu garde mes enfans : &
incontinent aprez elle entendoit la
trifte nouuelle qui par ce feu luy
auoit efté augurée. En fa maladie
de Metz, où par vne fiéure peftilen-
tielle & le charbon elle fuft à l'extrémité , qu'elle auoit prife allant
vifiter les religions des femmes,
comme il y en a beaucoup en cette
ville-là, lefquelles auoient efté depuis peu infeétées de cette contagion ; de quoy elle fuft garantie
miraculeufement, Dieu l'a redon-
nant à cet Eftat qui en auoit encor
tant de befoin , par la diligence de
Monfieur Caftelan fonMedecin,

qui nouueau Esculape feit lors vne
signalée preuue de l'excellence de
son art.  Elle resuant, & estant as-
sistée autour de son lict du Roy
Charles mon frere, & de ma sœur
& mon frere de Lorraine, de plusieurs Messieurs du Conseil, & de
force Dames & Princesses , qui la
tenants comme hors d'esperance
ne l'abandonnoient point, s'escrie
continuant ses resueries, comme si
elle eut veu donner la bataille de
Iarnac ; Voyez comme ils fuyent;
Mon fils à la victoire ; Hé mon
Dieu releuez mon fils, il est par terre ; Voyez-vous dans cette haye le
Prince de Condé mort. Tous ceux
qui estoient-là croyoient qu'elle
resuoit, & que sçachant que mon
frere d'Anjou estoit en terme de
donner la bataille elle n'eust que

cela

cela en teſte. Mais la nuiᶜᵗ aprez Monſieur de Loſſes luy en appor-tant la nouuelle, comme choſe tres-deſirée, en quoy il penſoit beau-coup meriter ; Vous eſtes faſcheux, luy dit-elle , de m'auoir eſueillée pour cela ; ie le ſçauois bien ; Ne l'auois- ie pas veu deuant - hyer? Lors on recognuſt que ce n'eſtoit point reſuerie de la fiéure, mais vn aduertiſſemét particulier que Dieu donne aux perſonnes illuſtres & rares. L'hiſtoire nous en fournit tant d'exemples aux anciens Payés, comme le fantoſme de Brutus, & pluſieurs autres, que ie ne deſcriray, n'eſtant mon intention d'orner ces Memoires, ains ſeulement nar-rer la verité, & les aduancer prom-ptement , à fin que pluſtoſt vous les receuiez. De ces diuins aduer-

tiſſemens ie ne me veux eſtimer digne ; toutefois pour ne me taire
comme ingrate des graces que i'ay
receuës de Dieu , que ie dois &
veux confeſſer toute ma vie , pour
luy en rendre graces , & que chacun le loüe aux merueilles des effets de ſa puiſſance, bonté, & miſe-
ricorde qu'il luy a plû faire en moy,
i'aduoüeray n'auoir iamais eſté
proche de quelques ſignalez accidents, ou ſiniſtres ou heureux, que
ie n'en aye eu quelque aduertiſſement, ou en ſonge ou autrement:
& puis bien dire ce vers,

*De mon bien ou mon mal mon*
　*eſprit m'eſt oracle.*

Ce que i'eſpreuuay lors de l'arriuée
du Roy de Pologne, la Roine ma
mere eſtant allée au deuant de luy.
Cependant qu'ils s'embraſſoient

& faiſoient les reciproques bien-
venuës , bien que ce fuſt en vn
temps ſi chaud qu'en la preſſe où
nous eſtions on s'eſtouffoit , il me
prit vn friſſon ſi grand auec vn
tremblement ſi vniuerſel , que celuy qui m'aidoit s'en apperceut.
I'eus beaucoup de peine à le cacher
quand aprez auoir laiſſé la Roine
ma mere le Roy vinſt à me ſalüer.
Cet augure me toucha au cœur;
toutefois il ſe paſſa quelques iours
ſans que le Roy deſcouuriſt la haine & le mauuais deſſein que le ma-
licieux Guaſt luy auoit fait conce-
uoir contre moy , par le rapport
qu'il luy auoit fait que depuis la
mort du Roy i'auois tenu le party
de mon frere d'Alençon en ſon abſence , & l'auois fait affectionner
au Roy mon mary. Parquoy eſ-

piant touſiours vne occaſion pour paruenir à l'intention predite de rompre l'amitié de mon frere d'Alençon & du Roy mon mary , en nous mettant en mauuais meſnage le Roy mon mary & moy, & les broüillant tous deux ſur le ſujet de la jalouſie de leur commun amour de Madame de Sauue, vne apreſdiſnée la Roine ma mere eſtant entrée en ſon cabinet pour faire quelques longues deſpeſches, Madame de Neuers voſtre couſine, Madame de Rais auſſi voſtre couſine, Bourdeille, & Surgeres me demanderent ſi ie me voulois aller promener à la ville.  Sur cela Madamoiſelle de Montigny, niece de Madame d'Vſez , nous dit que l'Abbaye de ſainct Pierre eſtoit vne fort belle religion.  Nous nous re-

folufmes d'y aller. Elle nous pria
qu'elle vinft auec nous, parce qu'elle y auoit vne tante, & que l'entrée
n'y eft pas libre finon qu'auec les
grandes. Elle y vinft; & comme
nous montions en chariot, encor
qu'il fuft tout plein de nous fix, &
de Madame de Curton , Dame
d'hóneur qui alloit toufiours auec
moy, Liancourt premier Efcuyer
du Roy & Camille s'y trouuerent,
qui fe ietterent fur les portieres du
chariot de Torigny , où fe tenants
comme ils peurent , & gauffants,
comme ils eftoiét d'humeur bouffonne, dirent qu'ils vouloient venir voir ces belles Religieufes. La
compagnie de Madamoifelle de
Montigny , qui ne nous eftoit aucunement familiere, & d'eux deux,
qui eftoient confidents du Roy,

F iij

fuſt, que ie croy, vne prouidence de
Dieu pour me garantir de la calomnie que l'on me vouloit impu-
ter. Nous allaſmes à cette religion,
& mon chariot, qui eſtoit aſſez re-
cognoiſſable pour eſtre doré, & de
velours iaune garny d'argent, nous
attendit à la place , autour de laquelle y auoit pluſieurs Gentils-
hommes logez. Pendant que nous
eſtions dans ſainct Pierre , le Roy
ayant ſeulement auec luy le Roy
mon mary, d'O, & le gros Ruffé,
s'en allant voir Quelus qui eſtoit
malade , paſſant par cette place &
voyant mon chariot vuide, ſe tourna vers le Roy mon mary & luy
dit ; Voyez, voila le chariot de voſtre femme, & voila le logis de Bi-
dé, qui eſtoit lors malade. ( ainſi ſe
nommoit auſſi celuy qui a depuis

feruy voftre coufine) Ie gage, dit-
il, qu'elle y eft ; & commanda au
gros Ruffé, inftrument propre de
telle malice pour eftre amy de du
Guaft, d'y aller voir. Lequel n'y
ayant rien trouué, & ne voulant
toutefois que cette verité empefchaft le deffein du Roy , luy dit
tout haut deuant le Roy mon mary ; Les oifeaux y ont efté, mais ils
n'y font plus. Cela fuffift affez
pour donner fujet de s'entretenir
iufques au logis. Le Roy mon
mary tefmoignant en cela la bonté
& l'entendement de quoy il s'eft
toufiours monftré accompagné, &
deteftant en fon cœur cette malice, iugea aifément à quelle fin il
le faifoit. Et le Roy fe haftant de
retourner auant moy pour perfuader à la Roine ma mere cette in-

uention, & m'en faire receuoir vn affront, i'arriuay qu'il auoit eu tout loifir de faire ce mauuais effet , & que mefme la Roine ma mere en auoit parlé fort eftrangement deuant des Dames, partie par creance, & partie pour plaire à ce fils qu'elle idolaftroit.   Moy reuenant aprez, fans fçauoir rien de tout cecy, i'allay defcendre en ma chambre auec toute la trouppe fufdite qui m'auoit accompagnée à fainct Pierre, & y trouuay le Roy mon mary, qui foudain qu'il me vid fe prift à rire, & me dit ; Allez chez la Roine voftre mere, & ie m'affeure que vous en reuiendrez bien en cholere.   Ie luy demanday pourquoy, & ce qu'il y auoit. Il me dit ; Ie ne le vous diray pas, mais fuffife vous que ie n'en crois rien , & que ce sont inuentions pour nous broüiller vous & moy , pensant par ce moyen me separer de l'amitié de Monsieur vostre frere. Voyãt que ie n'en pouuois tirer autre chose, ie m'en vais chez la Roine ma mere. Entrant en la salle ie trouuay Monsieur de Guise, qui preuoyant n'estoit pas marry de la diuision qu'il voyoit arriuer en nostre maison, esperant bien que du vaisseau brisé il en recueilliroit les pieces. Il me dit ; Ie vous attendois icy pour vous aduertir que la Roine vous a presté vne dangereuse charité; & me fit tout le discours susdit qu'il auoit appris de d'O, qui estant lors fort amy de vostre cousine, l'auoit dit à Monsieur de Guise pour nous en aduertir. I'entray en la chambre de la Roine ma mere , où elle

n'eſtoit pas.   Ie trouuay Madame
de Nemours , & toutes les autres
Princeſſes & Dames, qui me dirét;
Mon Dieu, Madame, la Roine voſtre mere eſt en ſi grande cholere
contre vous.   Ie ne vous conſeille
pas de vous preſenter deuant elle.
Non, ce dis-ie, ſi i'auois fait ce que
le Roy luy a dit.  Mais en eſtant du
tout innocente , il faut que ie luy
parle pour l'en eſclaircir.  I'entray
dans ſon cabinet , qui n'eſtoit fait
que d'vne cloiſon de bois , de ſorte
que l'on pouuoit aiſément entendre tout ce qui ſe diſoit.  Soudain
qu'elle me veit elle commença à
ietter feu  , & dire tout ce qu'vne
cholere outrée & deſmeſurée peut
ietter dehors.  Ie luy repreſentay
la verité , & que nous eſtions dix
ou douze , & la ſuppliay de s'en en-

querir , & ne croire pas celles qui m'eſtoiét amies & familieres , mais Madame de Montigny qui ne me hantoit point, & Liancourt & Camille qui ne dependoient que du Roy. Elle n'a point d'oreille pour la verité ny pour la raiſon, elle n'en veut point receuoir , fuſt ou pour eſtre preoccupée du faux , ou bien pour complaire à ce fils , que d'affeƈtion, de deuoir, d'eſperance, & de crainte elle idolaſtroit, & ne ceſſe de tanſer, crier, & menacer. Et luy diſant que cette charité m'auoit eſté preſtée par le Roy , elle ſe met encor plus en cholere , me voulát faire croire que c'eſtoit vn ſien valet de chambre qui paſſant par là m'y auoit veuë. Et voyant que cette couuerture eſtoit groſſiere, que ie la receuois pour telle, & re-

ſtois infiniment offenſée du Roy,
cela la tourmentoit & eſguillon-
noit dauantage. Ce qui eſtoit ouy
de ſa chambre toute pleine de gés.
Sortant de là auec le deſpit que
l'on peut penſer , ie trouue en ma
chambre le Roy mon mary qui
me dit ; Et bien, n'auez-vous pas
trouué ce que ie vous auois dit ? Et
me voyant ſi affligée ; Ne vous
tourmentez pas de cela , dit-il,
Liancourt & Camille ſe trouue-
ront au coucher du Roy , qui luy
diront le tort qu'il vous a fait , &
m'aſſeure que demain la Roine voſtre mere ſera bien empeſchée à faire les accords. Ie luy dis ; Monſieur, i'ay receu vn affront trop public de cette calomnie pour par-
donner à ceux qui me l'ont cauſée;
mais toutes les iniures ne me ſont

rien au prix du tort qu’on m’a voulu faire me voulant procurer vn ſi
grand malheur que de me mettre
mal auec vous. Il me reſpondiſt;
Il s’y eſt Dieu mercy failly. Ie luy
dis;Ouy Dieu mercy & voſtre bon
naturel. Mais de ce mal ſi faut-il
que nous en tirions vn bien , que
cecy nous ſerue d’aduertiſſement à
l’vn & à l’autre pour auoir l’œil ouuert à tous les artifices que le Roy
pourra faire pour nous mettre mal
enſemble. Car il faut croire puis
qu’il a ce deſſein qu’il ne s’arreſtera
pas à ceſtuy-cy, & ne ceſſera qu’il
n’ait rompu l’amitié de mon frere
& de vous. Sur cela mon frere arriua, & les feis par nouueau ſerment obliger à la continuation de
leur amitié. Mais quel ferment
peut valoir en amour ? Le lende-

main matin vn Banquier Italien
qui eſtoit ſeruiteur de mon frere,
pria mondit frere , le Roy mon
mary , & moy, & pluſieurs autres
Princeſſes & Dames d’aller diſner
en vn beau jardin qu’il auoit à la
ville.　Mais ayant touſiours gardé
ce reſpect à la Roine ma mere, tant
que i’ay eſté auprez d’elle fille &
mariée , de n’aller en aucun lieu
ſans luy en demander congé,ie l’allay trouuer en la ſalle reuenant de
la Meſſe pour auoir ſa permiſſion
d’aller à ce feſtin.　Elle me faiſant
vn refus public, dit que i’allaſſe où
ie voudrois,qu’elle ne s’en ſoucioit
pas. Si cet affront fuſt reſſenty d’vn
courage comme le mien, ie le laiſſe
à iuger à ceux qui comme vous ont
cognu mon humeur. Pendant
que nous eſtions en ce feſtin , le

Roy, qui auoit parlé à Liancourt,
à Camille, & à Madamoifelle de
Montigny, cognuft l'erreur où la
malice de Ruffé l'auoit fait tomber, & ne fe trouuant moins en
peine à la rabiller qu'il auoit efté
prompt à la receuoir & à la publier, venant trouuer la Roine ma
mere luy confeffa le vray, & la pria
de rabiller cela en quelque façon
que ie ne luy demeuraffe pas ennemie ; craignant fort, parce qu'il
me voyoit auoir de l'entendement,
que ie ne me fceuffe plus à propos
reuancher qu'il ne m'auoit fceu offencer. Reuenus que nous fufmes
du feftin, la prophetie du Roy
mon mary fuft veritable. La Roine ma mere m'enuoya querir en
fon cabinet de derriere, qui eftoit
proche de celuy du Roy, où elle

me dit qu'elle auoit fceu la verité
de tout , & que ie luy auois dit
vray ; Qu'il n'eftoit rien de tout ce
que le valet de chambre qui luy
auoit fait ce rapport luy auoit dit;
Que c'eftoit vn mauuais homme,
& qu'elle le chafferoit. Et cognoiffant à ma mine que ie ne receuois
pas cette couuerture , elle s'efforça
par tout moyen de m'ofter l'opinion que ce fuft le Roy qui me
preftoit cette charité.  Et voyant
qu'elle n'y auançoit rien , le Roy
entrant dans le cabinet m'en feit
force excufes , difant qu'on le luy
auoit fait accroire ,  & me faifant
toutes les fatisfactions & demon-
ftrations d'amitié qui fe pouuoient
faire.  Cela paffé, aprez auoir demeuré quelque temps à Lyon nous
allafmes en Auignon. Le Guaft
n'ofant

n'oſant plus inuenter de telles im-
poſtures , & voyant que ie ne luy
dónois aucune priſe en mes actiós
pour par la jalouſie me mettre mal
auec le Roy mon mary , & eſbranler l'amitié de mon frere & de luy,
ſe ſeruiſt d'vne autre voye , qui
eſtoit de Madame de Sauue, la gai-
gnant tellement qu'elle ſe gouuernoit du tout par luy , & vſant de
ſes inſtructions non moins perni-
cieuſes que celles de la Celeſtine,
elle rendit l'amour de mon frere &
du Roy mon mary ( auparauant
tiede & lente comme de perſonnes
ſi ieunes ) à vne telle extrémité,
qu'oubliants toute ambition, tout
deuoir, & tout deſſein, ils n'auoiét
plus autre choſe en l'eſprit que la
recherche de cette femme.  Et en
vindrent à vne ſi grande & vehe-
G

méte jalouſie l'vn de l'autre, qu'encor qu'elle fuſt recherchée de
Monſieur de Guiſe, de du Guaſt,
de Souuray , & pluſieurs autres,
qui eſtoient tous plus aimez d'elle
qu'eux, ils ne s'en ſoucioient pas,
& ne craignoient ces deux beaux
freres que la recherche de l'vn &
de l'autre. Et cette femme , pour
mieux ioüer ſon ieu, perſuada au
Roy mon mary que i'en eſtois ia-
louſe, & que pour cette cauſe ie tenois le party de mon frere. Nous
croyons aiſément ce qui nous eſt
dit par des perſonnes que nous ai-
mons. Il prend cette creance, il
s'eſloigne de moy , & s'en cache
plus que de tout autre ; ce que iuſques alors il n'auoit fait. Car quoy
qu'il en euſt eu la fantaiſie, il m'en
auoit touſiours parlé auſſi libre-

ment qu'à vne sœur, cognoissant
bien que ie n'en estois aucunement
ialouse, ne desirant que son contentement. Moy voyant ce que
i'auois le plus craint estre aduenu,
qui estoit l'esloignemét de sa bonne grace, pour la priuation de la
franchise de quoy il auoit iusques
alors vsé auec moy, & que la mes-
fiance qui priue de la familiarité est
le principe de la haine, soit entre
parens ou amis, & cognoissant
d'ailleurs que si ie pouuois diuertir
mon frere de l'affection de Madame de Sauue i'osterois le fondemét
de l'artifice que le Guast auoit fa-
briqué à nostre diuision & ruine,
..... susdite à l'endroit de mon
frere, vsant de tous les moyens que
ie pûs pour l'en tirer. Ce qui eust
seruy à tout autre qui n'eust eu l'a-

me faſcinée par l'amour & les ruſes
de ces fines perſonnes.　Mon frere , qui en toute  autre choſe ne
croyoit rien que moy, ne pûſt iamais ſe regaigner ſoy-meſme pour
ſon ſalut &  le mien , tant forts
eſtoient les charmes de cette Circé,
aidez de ce diabolique eſprit de du
Guaſt.　De façon qu'au lieu de tirer profit de mes parolles, il les re-
diſoit toutes à cette femme.　Que
peut-on celer à celuy que l'on aime? Elle s'en animoit contre moy,
& ſeruoit auec plus d'affection au
deſſein de du Guaſt , & pour s'en
véger diſpoſoit touſiours d'auantage le Roy mon mary à me haïr &
s'eſtranger de moy ; de ſorte qu'il
ne me parloit plus.　Il reuenoit de
chez elle fort tard, & pour l'empeſcher de me voir  elle luy comman-

doit de se trouuer au leuer de la Roine, où elle estoit subjette d'aller, & aprez tout le iour il ne bougeoit plus d'auec elle. Mon frere n'apportoit moins de soin à la rechercher, elle leur faisant accroire à tous deux qu'ils estoient vniquement aimez d'elle. Ce qui n'auançoit moins leur ialousie & leur diuision que leur ruine. Nous feismes vn long seiour en Auignon, & vn tour par la Bourgogne & la Champagne pour aller à Rheims aux nopces du Roy, & de là venir à Paris, où les choses se comporterent tousiours de cette façon. La trame de du Guast alloit par ces moyens tousiours s'aduançant à nostre diuision & ruine. Estants à Paris, mon frere approcha de luy Bussi, en faisant autant d'estime que fa valeur le meritoit. Il eftoit toufiours auprez de mon frere, & par confequent auec moy , mon frere & moy eftants prefque toufiours enfemble , & ordonnant à tous fes feruiteurs de ne m'honorer & rechercher moins que luy. Tous les hommes & gés de fa fuitte accompliffoiét cet agreable commádement auec tant de fubjection, qu'ils ne me rendoient moins de feruice qu'à luy. Voftre tante voyant cela, m'a fouuent dit que cette belle vnion de mon frere & de moy luy faifoit reffouuenir du temps de Mófieur d'Orleans mon oncle & de Madame de Sauoye ma tante. Le Guaft, qui eftoit vn potiron de ce temps , y donnant interpretation contraire, penfa que la fortune luy offroit vn beau

moyen pour se haster à plus viste
pas d'arriuer au but de son dessein,
& par le moyen de Madame de
Sauue s'estant introduit en la bonne grace du Roy mon mary, tascha
par toute voye de luy persuader
que Bussi me seruoit. Et voyant
qu'il n'y aduançoit rien, estant assez aduerty par ses gens, qui estoiét
tousiours auec moy, de mes depor-
tements qui ne tendoient à rien de
semblable, il s'adressa au Roy, qu'il
trouua plus facile à persuader, tant
pour le peu de bien qu'il vouloit à
mon frere & à moy, nostre amitié
luy estant suspecte & odieuse, que
pour la haine qu'il auoit à Bussi,
qui l'ayant autresfois suiuy, l'auoit
quitté pour se dedier à mon frere.
Acquisition qui accroissoit autant
la gloire de mon frere que l'enuie

G iiij

de nos ennemis , pour n'y auoir
rien en ce siecle-là de son sexe & de
sa qualité de semblable en valeur,
reputation , grace , & esprit. En
quoy quelques vns disoient que s'il
falloit croire la transmutation des
ames, comme quelques Philoso-
phes ont tenu, que sans doute celle de Hardelay vostre braue frere
animoit celle de Bussi. Le Roy im-
bu de cela par le Guast,en parla à la
Roine ma mere , la conuiant à en
parler au Roy mon mary , & tas-
chant de le mettre aux mesmes aigreurs qu'il l'auoit mis à Lyon.
Mais elle voyant le peu d'apparence qu'il y auoit l'en reietta,luy disant ; Ie ne sçay qui sont les broüil-
lons qui vous mettent telles opinions en la fantaisie. Ma fille est
malheureuse d'estre venuë en vn

tel siecle. De nostre temps nous parlions librement à tout le monde, & tous les honnestes gens qui suiuoient le Roy vostre pere, Monsieur le Dauphin , & Monsieur d'Orleans vos oncles, estoiét d'ordinaire à la chambre de Madame Marguerite vostre tâte & de moy, & personne ne le trouuoit estrange ; comme aussi n'y auoit-il pas dequoy. Bussi voit ma fille deuant vous, deuant son mary en sa chambre , deuant tous les gens de son mary, & deuant tout le monde. Ce n'est pas en cachette, ny à porte fermée. Bussi est personne de qualité, & le premier auprez de vostre frere. Qu'y a-t'il à penser ? En sçauez vous autre chose que par vne calomnie ? A Lyon vous me luy auez fait faire vn affront tres-grand, du-

quel ie crains bien qu’elle ne fe ref-
fente toute fa vie. Le Roy demeurant tout eftonné, Madame, dit-il,
ie n’en parle qu’aprez les autres. Elle refpondit ; Qui font ces autres?
Mon fils , ce font gens qui vous
veulent mettre mal auec tous les
voftres. Le Roy s’en eftant allé
elle me raconta le tout , & me dit;
Vous eftes née d’vn miferable
temps. Et appellant voftre tante
Madame de Dampierre elle fe meit
à difcourir auec elle de l’honnefte
liberté des plaifirs qu’ils auoient de
ce temps-là, fans eftre fubjets comme nous à la mefdifance. Le Guaft
voyant la mine efuentée, & qu’elle n’auoit pris feu de ce cofté-là
comme il defiroit, s’adreffe à cer-
tains Gentils-hommes qui fuiuoiét
lors le Roy mon mary, qui iufques

alors auoient esté compagnons de
Bussi, & depuis deuenus ses ennemis pour la jalousie que leur apportoit son aduancemét & sa gloire. Ceux-cy ioignants à cette enuieuse haine vn zele inconsideré au
seruice de leur maistre , ou pour
mieux dire couurans leur enuie de
ce pretexte , se resolurent vn soir
sortát tard du coucher de son maistre pour se retirer en son logis, de
l'assassiner. Et comme les honnestes gens qui estoient auprez de
mon frere auoient accoustumé de
l'accompagner,ils sçauoient qu'ils
ne le trouueroient auec moins de
quinze ou vingt honnestes hommes , & que bien que pour la bles-
seure qu'il auoit au bras droit , depuis peu de iours qu'il s'estoit bat-
tu contre sainct Val , il ne portast

point d’eſpée , ſa preſence ſeroit
ſuffiſante pour redoubler le courage à ceux qui eſtoient auec luy. Ce
que redoutans , & voulans faire
leur entrepriſe aſſeurée, ils reſolurent de l’attaquer auec deux ou
trois cens hommes , le voile de la
nuit couurant la honte d’vn tel aſſaſſinat. Le Guaſt qui commandoit au regiment des gardes leur
fournit des ſoldats, & ſe mettans
en cinq ou ſix trouppes en la plus
prochaine ruë de ſon logis où il
falloit qu’il paſſaſt , le chargent,
eſteignás les torches & flambeaux.
Aprez vne ſalue d’arquebuſades &
piſtoletades qui euſt ſuffi ,non à attrapper vne trouppe de quinze ou
vingt hommes , mais à deffaire vn
regiment , ils viennent aux mains
auec ſa trouppe, taſchans touſiours

dans l'obfcurité de la nuit à le remarquer pour ne le faillir, & le cognoiſſans à vne eſcharpe colombine que portoit vn des ſiens comme luy, mais toutesfois bien differente pour n'eſtre enrichie comme celle de ſon maiſtre; toutesfois en l'obſcurité de la nuiƈt ou le tranſport ou l'animoſité de ces aſſaſſins, qui auoient le mot de donner tous à l'eſcharpe colombine, feit que toute la trouppe ſe ietta ſur ce pauure Gentil-homme, penſant que ce fuſt Buſſi, & le laiſſerent pour mort en la ruë. Vn Gentil-homme Italien qui eſtoit à mon frere y eſtant, de premier abord l'effroy l'ayant pris il s'en accourt tout ſanglant dans le Louure, & iuſques à la chambre de mon frere qui eſtoit couché, criant que l'on aſſaſſinoit

Buſſi. Mon frere ſoudain y vouluſt aller. De bonne fortune ie n'e-
ſtois point encore couchée , &
eſtois logée ſi prez de mon frere,
que i'ouïs cet homme effrayé crier
par les degrez cette eſpouuantable
nouuelle auſſi toſt que luy. Soudain ie cours en ſa chambre pour
l'empeſcher de ſortir , & enuoyay
prier la Roine ma mere d'y venir
pour le retenir, voyant que la iuſte
douleur qu'il ſentoit l'emportoit
tellement hors de luy-meſme, que
ſans conſideration il ſe fuſt preci-
pité à tous dangers pour courre à
la vengeance. Nous le retenons à
toute peine, la Roine ma mere luy
repreſentant qu'il n'y auoit nulle
apparence de ſortir ſeul comme il
eſtoit pendant la nuit que l'obſcurité couure toute meſchanceté;

Que le Guaſt eſtoit peut eſtre aſſez
meſchant d’auoir fait cette partie
expreſſément pour le faire ſortir
mal à propos, à fin de le faire tomber en quelque accident. Au deſeſpoir qu’il eſtoit ces parolles euſſent
eu peu de force. Mais elle y vſant
de ſon authorité l’arreſta, & commanda aux portiers que l’on ne le
laiſſaſt ſortir, prenant la peine de
demeurer auec luy iuſques à ce
qu’il ſceuſt la verité de tout. Buſſi,
que Dieu auoit garanty miracu-
leuſement de ce danger, ne s’eſtant
troublé pour ce hazard, ſon ame
n’eſtát point ſuſceptible de la peur,
eſtant né pour eſtre la terreur de
ſes ennemis, la gloire de ſon maiſtre, & l’eſperance de ſes amis, entré
qu’il fuſt en ſon logis ſoudain ſe
ſouuint de la peine en quoy ſeroit

fon maiftre fi la nouuelle de cette
rencontre eftoit portée iufques à
luy incertainement , & craignant
que cela le feit ietter dans les filets
de fes ennemis ( comme fans doute
il euft fait fi la Roine ma mere ne
l'en euft empefché ) enuoya foudain vn des fiens qui apporta la
nouuelle à mon frere de la verité
de tout. Et le iour eftant venu, Buffi , fans crainte de fes ennemis, reuint dans le Louure auec la façon
auffi braue & auffi ioyeufe que fi
cet attentat luy euft efté vn tournois pour plaifir.  Mon frere auffi
aife de le reuoir que plein de defpit
& de vengeance, tefmoigna affez
comme il reffentoit l'offenfe qui
luy auoit efté faite de l'auoir voulu
priuer du plus braue & digne feruiteur dont Prince de fa qualité euft

iamais

iamais cognoiſſance , bien que du
Guaſt s'attaquoit à Buſſi pour ne
s'oſer prendre de premier abord à
luy-meſme. La Roine ma mere, la
plus prudente & aduiſée qui ait iamais eſté, cognoiſſát de quel poids
eſtoienr tels effets , & preuoyant
qu'ils pourroient en fin mettre ſes
deux enfans mal enſemble, conſeil-
la mon frere que pour leuer tel pretexte il feit que pour vn temps Buſſi s'eſloignaſt de la Cour. A quoy
mon frere conſentit par la priere
que ie luy en feis, voyant bien que
s'il demeuroit le Guaſt le mettroit
touſiours en ieu, & le feroit ſeruir
de couuerture à ſon pernicieux deſſein , qui eſtoit de maintenir mon
frere & le Roy mon mary mal enſemble , comme il les y auoit mis
par les artifices ſuſdits. Buſſi qui

H

n'auoit autre volonté que celle de
fon maiftre, partit accompagné de
la plus braue nobleffe qui fuft à
la Cour qui fuiuoit mon frere. Ce
fujet eftant aifé au Guaft, & voyant
que le Roy mon mary ayant en ce
mefme temps vne nuict eu vne
fort grande foibleffe, en laquelle
il demeura efuanouy l'efpace d'vne
heure ( qui luy venoit, comme ie
crois, d'excez qu'il auoit faits auec
les femmes ; car ie ne l'y auois iamais veu fujet ) où ie l'auois feruy
& affifté comme le deuoir me le
commandoit ; de quoy il reftoit fi
content de moy qu'il s'en loüoit à
tout le monde, difant que fans que
ie m'en eftois apperceuë, & auois
foudain couru à le fecourir, & appeller mes femmes & fes gens, il
eftoit mort ; & qu'à cette caufe il

m'en faifoit beaucoup meilleure
chere, & que depuis l'amitié de luy
& de mon frere commençoit à fe
renoüer, eftimant toufiours que
i'en eftois la caufe, & que ie leur
eftois (comme l'on voit en toutes
les chofes naturelles, mais plus ap-
paremment aux ferpens coupez)
vn certain baume naturel qui reü-
nit & reioint les parties feparées;
pourfuiuant toufiours la pointe de
fon premier & pernicieux deffein,
& recherchant de fabriquer quelque nouuelle inuention pour nous
rebroüiller le Roy mon mary &
moy, meit à la tefte du Roy, qui
depuis peu de iours auoit ofté par
le mefme artifice de du Guaft à la
Roine fa facrée Princeffe tres-vertueufe & bonne, vne fille qu'elle
aimoit fort, & qui auoit efté nour-

rie auec elle , nommée Chaueri, qu'il deuoit faire que le Roy mon mary m'en fift de mefme, m'oftant celle que i'aimois le plus , nommée Torigny, fans autre raifon, finon qu'il ne falloit point laiffer à des ieunes Princeffes des filles en qui elles euffent fi particuliere amitié. Le Roy perfuadé de ce mauuais homme en parla plufieurs fois à mon mary ; qui luy refpondit qu'il fçauoit bié qu'il me feroit vn cruel defplaifir; Que fi i'aimois Torigny, i'en auois occafion ; Qu'outre ce qu'elle auoit efté nourrie auec la Roine d'Efpagne ma fœur, & auec moy depuis mon enfance , elle auoit beaucoup d'entendement; & que mefme elle l'auoit beaucoup feruy en fa captiuité du bois de Vincennes; Qu'il feroit ingrat s'il

ne s'en reſſouuenoit ; & qu'il auoit
autresfois veu que ſa Majeſté en
faiſoit grand eſtat pluſieurs fois. Il
s'en deffendit de cette façon ; mais
en fin le Guaſt perſiſtant touſiours
à pouſſer le Roy, & iuſques à luy
faire dire au Roy mon mary qu'il
ne l'aimeroit iamais ſi dans le lendemain il ne m'auoit oſté Torigny, il fut contraint à ſon grand regret, cóme depuis il me l'a auoüé,
de m'en prier & me le commander.
Ce qui me fuſt ſi aigre, que ie ne
me pûs empeſcher de luy teſmoi-
gner par mes larmes combien i'en
receuois de deſplaiſir ; luy remonſtrant que ce qui m'en affligeoit le
plus n'eſtoit point l'eſloignement
de la preſence d'vne perſonne qui
depuis mon enfance s'eſtoit touſiours renduë ſubjette & vtile au-

prez de moy , mais que ſçachant comme ie l'aimois ie n'ignorois pas combien ſon partement ſi precipi-té porteroit de preiudice à ma repu-tation.　Ne pouuant receuoir ces raiſons , pour la promeſſe qu'il auoit faite au Roy de me faire ce deſplaiſir , elle partiſt le iour meſ-me , ſe retirant chez vn ſien couſin, nommé Monſieur Chaſtelas. Ie re-ſtay ſi offenſée de cette indignité à la ſuitte de tant d'autres , que ne pouuant plus reſiſter à la iuſte dou-leur que ie reſſentois, qui banniſ-ſant toute prudence de moy m'a-bandonnoit à l'ennuy,ie ne me pûs plus forcer de rechercher le Roy mon mary.　De ſorte que le Guaſt & Madame de Sauue d'vn coſté l'eſtrangeant de moy,& moy m'eſ-loignant auſſi , nous ne couchions plus & ne parlions plus enſemble.

# LIVRE DEVXIESME.

QVELQVES iours aprez quelques bons feruiteurs du Roy mon mary luy ayants fait cognoiſtre l'artifice par le moyen duquel on le menoit à ſa ruine, le mettant mal auec mon frere & moy, pour le ſeparer de ceux de qui il deuoit eſperer le plus d'appuy , pour aprez le laiſſer là & ne tenir conte de luy, comme le Roy commençoit à n'en faire pas grand eſtat & à le meſpriſer , ils le firent parler à mon frere, qui depuis le partement de Buſſi n'auoit pas amédé ſa condition, (car le Guaſt tous les iours luy faiſoit receuoir quelques nouuelles indignitez) & cognoiſſants

H iiij

qu’ils eſtoient tous deux en meſme predicament à la Cour, auſſi defauoriſez l’vn que l’autre ; que le Guaſt ſeul gouuernoit le monde; qu’il falloit qu’ils mendiaſſent de luy ce qu’ils vouloient obtenir auprez du Roy ; que s’ils demandoiét quelque choſe, ils eſtoient refuſez auec meſpris ; que ſi quelqu’vn ſe rendoit leur ſeruiteur, il eſtoit auſſi toſt ruiné, & attaqué de mille querelles que l’on luy ſuſcitoit ; ils ſe reſolurent, voyant que leur deſunion eſtoit leur ruine, de ſe reünir, & ſe retirer de la Cour, pour,ayant aſſemblé leurs ſeruiteurs & amis, demander au Roy vne condition & vn traittemét digne de leur qualité ; mon frere n’ayant eu iuſques alors ſon appennage, & s’entretenant ſeulement de certaines pen-

fions mal affignées, qui venoient
feulemét quád il plaifoit au Guaft;
& le Roy mon mary ne iouïffant
nullement de fon gouuernement
de Guyenne, ne luy eftant permis
d'y aller , ny en aucunes de fes terres. Cette refolution eftant prife
entre eux , mon frere m'en parla,
me difant qu'à cette heure ils
eftoient bien enfemble,& qu'il defiroit que nous fuffions bien le
Roy mon mary & moy , & qu'il
me prioit d'oublier tout ce qui s'e-
ftoit paffé ; Que le Roy mon mary
luy auoit dit qu'il en auoit vn extréme regret,& qu'il cognoiffoit bien
que nos ennemis auoient efté plus
fins que nous ; mais qu'il fe refol-
uoit de m'aimer , & de me donner
plus de contentement de luy.Il me
prioit auffi de mon cofté de l'ai-

mer, & de l'affifter en fes affaires en
fon abfence. Ayant pris refolution
tous deux enfemble que mon frere
partiroit le premier, fe defrobbant
dans vn carroffe comme il pourroit, & qu'à quelques iours de là le
Roy mon mary faignant d'aller à
la chaffe le fuiuroit ( regrettants
beaucoup qu'ils ne me pouuoient
emmener auec eux, toutesfois s'af-
feurants qu'on ne me fçauroit faire du defplaifir les fçachât dehors;
auffi qu'ils firent bien toft paroiftre que leur intention n'eftoit
point de troubler la France, mais
feulement d'eftablir vne condition
digne de leur qualité, & fe mettre
en feureté; car parmy ces trauerfes
ils n'eftoient pas fans crainte de
leur vie, fuft ou que veritablement
ils fuffent en danger, ou que ceux

qui defiroient la diuifion & ruine
de noftre maifon pour s’en preualoir leur fiffent donner des allar-
mes par les continuels aduertiffe-
ments qu’ils en receuoient, ) le foir
venu, peu auãt le foupper du Roy,
mon frere changeant de manteau
& le mettant autour du nez fort,
feulement fuiuy d’vn des fiens qui
n’eftoit pas recognu , & s’en va à
pied iufques à la porte fainct Ho-
noré, où il fe trouua fuiuy du carroffe d’vne Dame qu’il auoit em-
prunté pour cet effet, dans lequel il
fe meit , & va iufques à quelques
maifons à vn quart de lieuë de Paris , où il trouua des cheuaux qui
l’attendoient, fur lefquels montãt,
à quelque lieuë de là il trouua deux
ou trois cens cheuaux de fes feruiteurs qui l’attendoient au rendez-

vous qu'il leur auoit donné. L'on ne s'apperceuſt point de ſon partement que ſur les neuf heures du ſoir. Le Roy & la Roine ma mere me demanderent pourquoy il n'auoit point ſouppé auec eux, & s'il eſtoit malade. Ie leur dis que ie ne l'auois point veu depuis l'apreſdiſnée. Ils enuoyerent en ſa chambre voir ce qu'il faiſoit. On leur vinſt dire qu'il n'y eſtoit pas. Ils diſent qu'on le cherche par toutes les chambres des Dames où il auoit accouſtumé d'aller. On cherche par le chaſteau, on cherche par la ville, on ne le trouue point. A cette heure-là l'allarme s'eſchauffe. Le Roy ſe met en cholere, ſe courrouce, menace, enuoye querir tous les Princes & Seigneurs de la Cour, leur commande de monter à cheual &

le luy ramener vif ou mort ; difant
qu'il s'en va troubler fon Eftat
pour luy faire la guerre,& qu'il luy
fera cognoiftre la folie qu'il faifoit
de s'attaquer à vn Roy fi puiffant
que luy. Plufieurs de ces Princes
& Seigneurs refuferent cette commiffion , remonftrans au Roy de
quelle importáce elle eftoit ; Qu'ils
voudroient mettre leur vie en ce
qui feroit du feruice du Roy , comme ils fçauoient eftre de leur deuoir ; mais d'aller contre Monfieur
fon frere, ils fçauoient bien que le
Roy leur en fçauroit vn iour mauuais gré ; & qu'il s'affeuraft que
mon frere n'entreprendroit rien
qui pûft defplaire à fa Majefté, ny
qui pûft nuire à fon Eftat; Que peut
eftre c'eftoit vn mefcontentement
qui l'auoit conuié à s'efloigner de

la Cour ; Qu'il leur sembloit que
le Roy deuoit enuoyer deuers luy,
pour s'informer de l'occasion qui
l'auoit meu à partir, auāt que prendre resolution à toute rigueur
comme celle cy. Quelques autres
accepterent, & se preparerent pour
monter à cheual. Ils ne pûrent faire telle diligence qu'ils pûssent partir pluftoft que sur le point du
iour ; qui fuft cause qu'ils ne trouuerent point mon frere , & furent
contraints de reuenir pour n'eftre
pas en equipage de guerre. I e Roy
pour ce depart ne monftra pas
meilleur visage au Roy mon mary,
mais en faifant auffi peu d'eftat
qu'à l'accouftumée le tenoit toufiours de mefme façon. Ce qui le
confirmoit en la resolution qu'il
auoit prise auec mon frere ; de for-

te que peu de iours aprez il partit
faignant d’aller à la chasse. Moy le
lendemain du depart de mon frere, les pleurs qui m’auoient accompagnée toute la nuit, m’esmeurent
vn si grand rheume sur la moitié
du visage, que i’en fus auec vne
grosse fiéure arrestée dás le lit pour
quelques iours, fort malade & a-
uec beaucoup de douleurs. Durant laquelle maladie le Roy mon
mary, ou qu’il fust occupé à disposer de son partement, ou qu’ayant
à laisser bien tost la Cour il voulust
dóner ce temps qu’il auoit à y estre
à la seule volupté de iouïr de la presence de sa maistresse Madame de
Sauue, ne pensant auoir le loisir de
me venir voir en ma chambre, &
reuenant pour se retirer à l’accou-
stumée à vne ou deux heures aprez

minuict , couchants en deux licts
comme nous couchions toufiours,
ie ne l'entédois point venir, & fe leuant auant que ie fuffe efueillée
pour fe trouuer , comme i'ay dit cy
deuant , au leuer de Madame ma
mere où Madame de Sauue alloit;
il ne fe fouuenoit point de parler à
moy comme il auoit promis à mon
frere , & partit de cette façon fans
me dire à Dieu. Ie ne laiffay pas de
demeurer foupçonnée du Roy que
i'eftois la feule caufe de ce partement ; & iettant feu contre moy,
s'il n'euft efté retenu de la Roine
ma mere, fa cholere ie crois luy euft
fait executer contre ma vie quelque cruauté. Mais eftant retenu
par elle, & n'ofant faire pis, foudain il dit à la Roine ma mere que
pour le moins il me falloit donner

des

des gardes, pour empefcher que ie
ne fuiuiffe le Roy mon mary ; &
auffi pour engarder que perfonne
ne communiquaft auec moy, à fin
que ie ne les aduertiffe de ce qui fe
paffoit à la Cour. La Roine ma
mere voulant faire toutes chofes
auec douceur , luy dit qu'elle le
trouuoit bon ainfi, (bien aife d'a-
uoir peu rabattre iufques au premier mouuement de fa cholere)
mais qu'elle me viendroit trouuer
pour me difpofer à ne trouuer fi rude ce traittement-là ; Que ces aigreurs ne demeureroient toufiours
en ces termes; Que toutes les chofes du monde auoient deux faces;
Que cette premiere, qui eftoit trifte & affreufe, eftant tournée, quád
nous viendrions à voir la feconde
plus agreable & plus tranquille, à

I

nouueaux euenements, on prendroit nouueau confeil ; Que lors
peut eftre on auroit befoin de fe
feruir de moy; Que comme la prudence confeilloit de viure auec fes
amis comme deuants vn iour eftre
fes ennemis, pour ne leur confier
rien de trop , qu'auffi l'amitié venant à fe rompre, & pouuant nuire, elle ordonnoit d'vfer de fes ennemis comme pouuants eftre vn
iour amis. Ces remonftrances em-
pefcherent bien le Roy de me faire ennuy, (ce qu'il euft bien voulu) mais le Guaft luy donnant inuention de defcharger ailleurs fa
cholere, feit que foudain, pour me
faire le plus cruel defplaifir qui fe
pouuoit imaginer , il enuoya des
gens à la maifon de Chaftelas coufin de Torigny, pour, fous ombre

de la prendre pour l'amener au
Roy, la noyer en vne riuiere qui
eſtoit prez de là. Eux arriuez, Chaſtelas les laiſſe librement entrer dás
la maiſon, ne ſe doutant de rien.
Eux ſoudain la voyants dedans, les
plus forts vſants auec autant d'indiſcretion que d'imprudence de la
ruineuſe charge qui leur auoit eſté
donnée, prennent Torigny, la liét,
l'enferment dans vne chambre, at-
tendants de partir que leurs cheuaux euſſent repeu. Cependant
vſants à la Françoiſe ſans ſe garder
de rien, ſe gorgeans iuſques au
creuer de tout ce qui eſtoit de meilleur en cette maiſon, Chaſtelas, qui
eſtoit homme aduiſé, n'eſtant pas
marry qu'aux deſpens de ſon bien
on pûſt gaigner ce temps pour re-
tarder le partement de ſa couſine,

esperant que qui a temps a vie , &
que Dieu peut estre changeroit le
cœur du Roy , qui contremande-
roit ces gens icy pour ne me vouloir si aigrement offenser, & n'o-
fant ledit Chastelas entreprendre
par autre voye de les empescher,
bien qu'il auoit des amis affez pour
le faire. Mais Dieu qui a toufiours
regardé mon affliction pour me
garentir des dangers & des desplai-
firs que mes ennemis me pourchaf-
foient , plus à propos que moy-
mefine ne l'en euffe pú requerir
quand i'euffe fceu cette entreprife
que i'ignorois, prepara vn inefpe-
ré fecours pour deliurer Torigny
des mains de ces fcelerats , qui fut
tel. Quelques valets & chambrie-
res s'en eftants fuis pour la crainte
de ces fatellites qui battoient &

frappoient là dedans comme en v-
ne maifon de pillage , eftants à vn
quart de lieuë de la maifon , Dieu
guida par là la Ferté & Auantigny
auec leurs trouppes , qui eftoient
bien deux cens cheuaux , qui s'al-
loient ioindre à l'armée de mon
frere, & feit que la Ferté recognuft
parmy cette trouppe de païfans vn
homme efploré, qui eftoit à Chaftelas, & luy demãda ce qu'il auoit,
& s'il y auoit quelques gens d'armes qui leur euffent fait quelque
tort. Le valet luy refpond que
non, & que la caufe qui les rendoit
ainfi tourmentez, eftoit l'extrémité
en quoy il auoit laiffé fon maiftre
pour la prife de fa coufine. Soudain la Ferté & Auantigny fe refo-
lurent de me faire ce bon office de
deliurer Torigny, loüants Dieu de

leur auoir offert vne si belle occasion de me pouuoir tesmoigner
l'affection qu'ils m'auoient tousiours euë ; & hastans le pas eux &
toutes leurs trouppes arriuerent si
à propos à la maison dudit Chastelas, qu'ils trouuerent ces soldats sur
le point qu'ils vouloient mettre
Torigny sur vn cheual pour l'emmener noyer. Entrants donc tous
à cheual l'espée au poing dans la
court, & criants ; arrestez-vous,
bourreaux, si vous luy faites mal
vous estes morts ; ils commencerent à les charger, & eux se mettans
à fuir laisserent leur prisonniere
aussi trasportée de ioye, que trans-
sie de frayeur; & aprez auoir rendu
graces à Dieu & à eux d'vn si salu-
taire & si necessaire secours, faisant apprester le chariot de sa cou-

fine de Chaftelas , elle s'en va auec
fondit coufin accompagnée de l'ef-
corte de ces honneftes gens trouuer mon frere , qui fuft tres-aife
ne me pouuant auoir auprez de luy
d'y auoir vne perfonne que i'ai-
maffe comme elle. Elle y fut tant
que le danger dura, traittée & ref-
pectée comme fi elle euft efté auprez de moy. Pendant que le Roy
faifoit cette belle defpefche pour
facrifier Torigny à fon ire, la Roine ma mere, qui n'en fçauoit rien,
m'eftoit venuë trouuer en ma chá-
bre que ie m'habillois encore, faifant eftat, bien que ie fuffe encor
mal de mon rheume,mais plus malade en l'ame qu'au corps de l'ennuy qui me poffedoit , de fortir ce
iour-là de ma chambre pour voir
vn peu le cours du monde fur ces

nouueaux accidents , eſtant touſiours en peine de ce qu’on entreprendroit contre mon frere & le
Roy mon mary. Elle me dit ; Ma
fille, vous n’auez que faire de vous
haſter de vous habiller. Ne vous
faſchez point, ie vous prie, de ce
que i’ay à vous dire. Vous auez de
l’entendement. Ie m’aſſeure que
vous ne trouuerez point eſtrange
que le Roy ſe ſente offenſé contre
voſtre frere & voſtre mary , & que
ſçachât l’amitié qui eſt entre vous,
croyant que vous ſçauiez leur partement, il ſoit reſolu de vous tenir
pour oſtage de leur depart. Il ſçait
combien voſtre mary vous aime,
& ne peut auoir vn meilleur gage
de luy que vous. Pour cette cauſe
il a commandé que l’on vous meit
des gardes , pour vous empeſcher

que vous ne fortiez de voftre chã-
bre. Aufli que ceux de fon Confeil luy ont reprefenté que fi vous
eftiez libre parmy nous, vous def-
couuririez tout ce qui fe delibere-
roit contre voftre frere & voftre
mary, & les en aduertiriez. Ie vous
prie de ne le trouuer mauuais. Cecy, fi Dieu plaift, ne durera gueres.
Ne vous fafchez point aufli fi ie
n'ofe fi fouuent vous venir voir,
car ie craindrois d'en donner foupçon au Roy. Mais afleurez-vous
que ie ne permettray point qu'il
vous foit fait aucun defplaifir , &
que ie feray tout ce que ie pourray
pour mettre la paix entre vos freres. Ie luy reprefentay combien
eftoit grande l'indignité qu'on me
faifoit en cela. Ie ne voulois pas
defauoüer que mon frere m'auoit

toufiours communiqué tous fes iū-
ftes mefcontentements; mais pour
le Roy mon mary , depuis qu'il
m'auoit ofté Torigny nous n'a-
uions point parlé enfemble ; que
mefme il ne m'auoit point veuë en
ma maladie , & ne m'auoit point
dit à Dieu. Elle me refpód; Ce font
petites querelles de mary à femme;
mais on fçait bien qu'auec des dou-
ces lettres il vous regaignera le
cœur, & que s'il vous mande de
l'aller trouuer vous y irez; ce que le
Roy mon fils ne veut pas. Elle s'en
retournant, ie demeure en cet eftat
quelques mois, fans que perfonne,
ny mefme mes plus priuez amis
m'ofaffent venir voir, craignans de
fe ruiner. A la Cour, l'aduerfité eft
toufiours feule, comme la profpe-
rité eft accompagnée,& la perfecu-

tion affiftée des vrais & entiers a-
mis. Le feul braue Grillon fuft celuy qui mefprifant toutes deffenfes
& toutes défaueurs vint cinq ou fix
fois en ma chambre , eftonnant
tellement de crainte les Cerberes
que l'on auoit mis à ma porte, qu'-
ils n'oferent iamais le dire, ny luy
refuſer le paffage. Durant ce temps
là, le Roy mon mary eftant arriué
en fon Gouuernement , & ayant
ioint fes feruiteurs & amis, chacun
luy remonftra le tort qu'il auoit eu
d'eftre party fans me dire à Dieu,
luy difant que i'auois de l'entendement pour le pouuoir feruir , &
qu'il falloit qu'il me regaignaft;
Qu'il retireroit beaucoup d'vtilité
de mon amitié & de ma prefence,
lors que les chofes eftants pacifiées
il me pourroit auoir auprez de luy.

Il fuſt aiſé à perſuader en cela, eſtát
eſloigné de ſa Circé Madame de
Sauue. Ses charmes ayants perdu
par l'abſence leur force ( ce qui le
rendoit ſans raiſon pour recognoiſtre clairement les artifices de nos
ennemis, & que la diuiſion qu'ils
auoient trouuee entre nous ne luy
procuroit moins de ruine qu'à
moy ) il m'eſcriuiſt vne tres-hon-
neſte lettre, où il me prioit d'oublier tout ce qui s'eſtoit paſſé entre
nous, & croire qu'il me vouloit aimer, & me le faire paroiſtre plus
qu'il n'auoit iamais fait ; me commandant auſſi de le tenir aduerty
de l'eſtat des affaires qui ſe paſſoiét
où i'eſtois, de mon eſtat, & de celuy de mon frere. Car ils eſtoient
eſloignez , bien qu'amis d'intelligence , mon frere eſtant vers la

Champagne, & le Roy mon mary en Gascogne. Ie receus cette lettre estant encores captiue, qui m'apporta beaucoup de consolation & soulagement ; & ne manquay depuis ( bien que les gardes eussent charge de ne me laisser escrire ) aidée de la necessité mere de l'inuention, de luy faire souuent tenir de mes lettres. Quelques iours aprez que ie fus arrestée mon frere sceut ma captiuité, qui l'aigrit tellement, que s'il n'eust eu l'affection de sa patrie dans le cœur autant enracinée comme il auoit de part & d'interest à cet Estat, il eust fait vne si cruelle guerre ( comme il en auoit le moyen, ayant lors vne belle armée ) que le peuple eust porté la peine des effets de leur Prince. Mais retenu par le deuoir de cette

naturelle affection, il eſcriuiſt à la
Roine ma mere, que ſi l'on me
traittoit ainſi on le mettroit au
dernier deſeſpoir. Elle craignant
de voir venir les aigreurs de cette
guerre à cette extrémité qu'elle
n'euſt le moyen de la pacifier, re-
monſtra au Roy de quelle importance cette guerre luy eſtoit, & le
trouua diſpoſé à receuoir ſes raiſons; ſon ire eſtant moderée par la
cognoiſſance du peril où il ſe trouuoit, eſtant attaqué en Gaſcogne,
Dauphiné, Languedoc, & Poit-
tou, & du Roy mon mary & des
Huguenots, qui tenoient pluſieurs
belles places, & de mon frere en
Champagne, qui auoit vne groſſe
armée compoſée de la plus braue
& gaillarde nobleſſe qui fuſt en
France ; & n'ayant peu depuis le

depart de mon frere , par prieres,
commádements,ny menaces, faire
monter personne à cheual contre
mon frere, tous les Princes & Seigneurs de France redoutans sage-
ment de mettre le doigt entre deux
pierres. Tout consideré, le Roy
preste l'oreille aux remonstrances
de la Roine ma mere , & se rend
non moins desireux qu'elle de faire vne paix ; la priant de s'y employer & d'en trouuer le moyen. Elle
soudain se dispose d'aller trouuer
mon frere , representant au Roy
qu'il estoit necessaire qu'elle m'y
menast. Mais le Roy n'y voulut
consentir, estimant que ie luy ser-
uois d'vn grand ostage. Elle donc
s'en va sans moy & sans m'en parler ; & mon frere voyant que ie n'y
estois pas , luy representa le iuste

mefcontentement qu'il auoit, & les indignitez & mauuais traitte-ments qu'il auoit receus à la Cour, y ioignant celuy de l'iniure qu'on m'auoit faite m'ayant retenuë captiue, & la cruauté que pour m'offencer on auoit voulu faire à Torigny; difant qu'il n'efcouteroit iamais nulle ouuerture de paix, que le tort que l'on m'auoit fait ne fuft reparé, & qu'il ne me vift fatisfaite & en liberté. La Roine ma mere voyant cette refponfe, reuinft, & reprefenta au Roy ce que luy auoit dit mon frere; Qu'il eftoit neceffaire, s'il vouloit vne paix, qu'elle y retournaft, mais que d'y aller fans moy fon voyage feroit encor inutile, & croiftroit pluftoft le mal que de le diminuer; Qu'auffi de m'y mener fans m'auoir premier conten-

contentée, i'y nuirois pluſtoſt que
d'y ſeruir, & que meſme il ſeroit
à craindre qu'elle n'euſt de la peine
à me ramener, & que ie ne vouluſſe aller trouuer mon mary ; Qu'il
falloit m'oſter les gardes, & trouuer moyen de me faire oublier le
traittement qu'on m'auoit fait.
Ce que le Roy trouua bon, & s'y
affectionna autant qu'elle. Soudain elle m'enuoye querir, me diſant qu'elle auoit tant fait qu'elle
auoit diſpoſé les choſes à la voye
d'vne paix ; Que c'eſtoit le bien de
cet Eſtat, qu'elle ſçauoit que mon
frere & moy auions touſiours de-
ſiré; Qu'il ſe pouuoit faire vne paix
ſi aduantageuſe pour mon frere,
qu'il auroit occaſion de reſter content, & hors de la tyrannie de du
Guaſt, & de tous autres tels mali-

cieux qui pourroient poſſeder le
Roy ; Qu'en outre tenant la main
à faire vn bon accord entre le Ròy
& mon frere, ie la deliurerois d'vn
mortel ennuy qui la poſſedoit, ſe
trouuant en tel eſtat, qu'elle ne
pouuoit ſans mortelle offenſe receuoir la nouuelle de la victoire de
l'vn ou de l'autre de ſes fils; Qu'elle
me prioit que l'iniure que i'auois
receuë ne me feit deſirer pluſtoſt la
vengeance que la paix; Que le Roy
en eſtoit marry ; qu'elle l'en auoit
veu pleurer ; & qu'il m'en feroit
telle ſatisfaction que i'en reſterois
contente.  Ie luy reſpondis que ie
ne prefererois iamais mon bien
particulier au bien de mes freres &
de cet Eſtat , pour le repos & contentement duquel ie me voudrois
ſacrifier; Que ie ne ſouhaittrois rien

tant qu'vne bonne paix , & que i'y
voudrois feruir de tout mon pouuoir. Le Roy entra fur cela en fon
cabinet , qui auec vne infinité de
belles parolles tafcha à me fatisfai-
re, & me conuia à fon amitié, voyãt
que ny mes façons ny mes parolles ne demonftroient aucun reffen-
timent de l'iniure que i'auois receuë. Ce que ie faifois plus pour
le mefpris de l'offenfe que pour fa
fatisfaction ; ayant paffé le temps
de ma captiuité au plaifir de la lecture, où ie commençay lors à me
plaire; n'ayant cette obligation à la
fortune, mais pluftoft à la prouidence diuine , qui dés lors commença à me produire vn fi bon remede pour le foulagement des ennuis qui m'eftoient preparez à l'ad-
uenir. Ce qui m'eftoit auffi vn a-

cheminement à la deuotion, lifant
en ce beau liure vniuerfel de la nature tát de merueilles de fon Crea-
teur.  Car toute ame bien née faifant de cette cognoiffance vne ef-
chelle, de laquelle Dieu eft le dernier & le plus haut efchellon, rauie
fe dreffe à l'adoration de la mer-
ueilleufe lumiere & fplendeur de
cette incomprehenfible Effence;
& faifant vn cercle parfait ne fe
plaift plus à autre chofe qu'à fuiure
cette chaifne d'Homere , cette a-
geable encyclopedie, qui part de
Dieu mefme, principe & fin de toutes chofes.  Et la trifteffe contraire
à la ioye, qui emporte hors de nous
les penfées de nos actions, refueille noftre ame en foy-mefme , qui
raffemblant toutes fes forces pour
reietter le mal & rechercher le

bien , penfe & repenfe fans ceffe
pour choifir ce fouuerain bien , auquel pour affeurance elle puiffe
trouuer quelque tranquilité ; qui
font de belles difpofitions pour
venir à la cognoiffance & amour
de Dieu. Ie receus ces deux biens
de la trifteffe & de la folitude à ma
premiere captiuité , de me plaire à
l'eftude , & m'adonner à la deuotion , bien que ie ne les euffe iamais
gouftées entre les vanitez & magnificences de ma profpere fortune. Le Roy, comme i'ay dit , ne
voyant en moy nulle apparence de
mefcontentement , me dit que la
Roine ma mere s'en alloit trouuer
mon frere en Champagne pour
traitter vne paix ; qu'il me prioit de
l'accompagner , & y apporter tous
les bons offices que ie pourrois ; &

K iij

qu'il sçauoit que mon frere auoit
plus de creance en moy qu'en tout
autre ; Que de ce qui viendroit de
bien en cela il m'en donneroit
l'honneur, & m'en resteroit obligé. Ie luy promis ce que ie voulois
faire, car c'estoit le bien de mon
frere & celuy de l'Estat, qui estoit
de m'y employer en sorte qu'il en
resteroit content. La Roine ma
mere part, & moy auec elle, pour
aller à Sens, la conference se deuât faire en la maison d'vn Gentil-
homme à vne lieuë de là. Le len-
main nous allasmes au lieu de la
conference. Mon frere s'y trouua,
accompagné de quelques vnes de
ses trouppes, & des principaux Seigneurs & Princes Catholiques de
son armée, entre lesquels estoit le
Duc Casimir , & le Colonnel

Poux , qui luy auoient amené six
mille Reiſtres , par le moyen de
ceux de la religion qui s'eſtoient
ioints auec mon frere à cauſe du
Roy mon mary. L'on traitta là par
pluſieurs iours les conditions de la
paix, y ayant pluſieurs diſputes ſur
les articles, principalemét ſur ceux
qui concernoient ceux de la religion,auſquels on accorda des conditions plus auantageuſes qu'on
n'auoit enuie de leur tenir, comme
il parut bien depuis ; le faiſant la
Roine ma mere pour auoir la paix,
renuoyer les Reiſtres , & retirer
mon frere d'auec ceux deſquels il
n'auoit moins d'enuie de ſe ſeparer,
pour auoir touſiours eſté tres-bon
Catholique, & ne s'eſtre ſeruy des
Huguenots que par neceſſité. En
cette paix il fut donné partage à

mon frere felon fa qualité ; à quoy
mō frere vouloit que ie fuffe com-
prife , me faifant lors eftablir l'affignat de mon dot en terres ; &
Monfieur de Beauuais, qui eftoit
deputé pour fon party , y infiftoit
fort pour moy.  Mais la Roine ma
mere me pria que ie ne le permiffe,
& qu'elle m'affeuroit que i'aurois
du Roy ce que ie luy demanderois.
Ce qui me fit les prier de ne m'y
comprendre,& que i'aimois mieux
auoir de gré ce que i'aurois du Roy
& de la Roine ma mere , eftimant
qu'il me feroit plus affeuré. La paix
eftant concluë , & les affeurances
prifes d'vne part & d'autre, la Roine ma mere fe difpofant à s'en retourner , ie receus lettres du Roy
mon mary , par lefquelles il me faifoit paroiftre qu'il auoit beaucoup

de defir de me voir, me priant foudain que ie verrois la paix faite de
demander mon congé pour le venir trouuer. I'en fuppliay la Roine
ma mere. Elle me reiette cela, &
par toutes fortes de perfuafions
tafche de m'en diuertir, me difant
que lors qu'aprez la fainct Barthelemy ie ne voulus receuoir la pro-
pofition qu'elle me fit de me fepa-
rer de noftre mariage, elle loüa lors
mon intention, parce qu'il s'eftoit
fait Catholique. Mais qu'à cette
heure qu'il auoit quitté la Religion
Catholique & qu'il s'eftoit fait Huguenot, elle ne me pourroit permettre que i'y allaffe. Et voyát que
i'infiftois toufiours pour auoir
mon congé, elle auec la larme à
l'œil dit, que fi ie ne reuenois auec
elle ie la ruinerois ; Que le Roy

croiroit qu'elle me l'auroit fait faire , & qu'elle luy auoit promis de
me ramener , & qu'elle feroit que
i'y demeurerois iufques à ce que
mon frere y fuft ; Qu'il y viendroit
bien toft, & que foudain aprez elle
me feroit donner mon congé.
Nous nous en retournafmes à Paris trouuer le Roy , qui nous re-
ceuft auec beaucoup de contentement d'auoir la paix ; mais toutesfois agreant peu les aduantageufes
conditions des Huguenots , & fe
deliberant bien foudain qu'il auroit mon frere à la Cour, de trouuer vne inuention pour r'entrer en
guerre contre lefdits Huguenots,
pour ne les laiffer iouïr de ce qu'à
regret & par force on leur auoit
accordé feulement pour en retirer
mon frere ; lequel demeura vn

mois ou deux pour donner ordre
à renuoyer les Reistres, & licencier
le reste de son armée. Il arriua a-
prez à la Cour auec toute la noblef-
se Catholique qui l'auoit assisté.
Le Roy le receut auec tout honneur, monstrant auoir beaucoup
de contentement de le reuoir, & fit
bóne chere aussi à Bussi qui y estoit,
car le Guast lors estoit mort, ayant
esté tué par vn iugement de Dieu
lors qu'il suoit vne diette, comme
aussi c'estoit vn corps gasté de toutes sortes de vilainies, qui fut donné à la pourriture qui dés long
temps le possedoit, & son ame aux
Dæmons, à qui il auoit fait hom-
mage par magie & toutes sortes de
meschancetez. Ce fusil de haine &
de diuision estant osté du monde,
& le Roy n'ayant son esprit bandé

qu’à la ruine des Huguenots , fe
voulant feruir de mon frere contre
eux pour rendre mon frere & eux
irreconciliables, & craignant qu’à
cette raifon i’allaffe trouuer le Roy
mon mary , nous faifoit à l’vn & à
l’autre toutes fortes de careffes &
de bonne chere pour nous faire
plaire à la Cour.  Et voyant qu’en
ce mefme temps Monfieur de Duras eftoit arriué de la part du Roy
mon mary pour me venir querir,
& que ie le preffois fort de me laiffer aller, qu’il n’y auoit plus lieu de
me refufer , il me dit ( monftrant
que c’eftoit l’amitié qu’il me portoit, & la cognoiffance qu’il auoit
de l’ornement que ie donnois à la
Cour, qui faifoit qu’il ne pouuoit
permettre que ie ´m’efloignaffe
que le plus tard qu’il pourroit)qu’il

me vouloit conduire iufques à
Poitiers, & renuoya Monfieur de
Duras auec cette affeurance. Il demeura quelques iours à partir de
Paris, retardant à me refufer ou-
uertement mon congé qu'il eut
toutes chofes preftes pour pouuoir
declarer la guerre, comme il l'auoit
deffeignée, aux Huguenots, & par
confequent au Roy mon mary. Et
pour y trouuer vn pretexte, on fait
courir le bruit que les Catholiques
fe plaignent des aduantageufes
conditions que l'on auoit accor-
dées aux Huguenots à la paix de
Sens. Ce murmure & mefcontentement des Catholiques paffe fi a-
uant, qu'ils viennent à fe liguer à la
Cour, par les Prouinces, & par les
villes, s'enroollants & fignants, &
faifants grand bruit, tacitement du

sceu du Roy monstrants vouloir
eslire Monsieur de Guise. Il ne se
parle d'autre chose à la Cour depuis Paris iusques à Blois , où le
Roy auoit fait cóuoquer les Estats;
pendant l'ouuerture desquels le
Roy appella mon frere dans son
cabinet, auec la Roine ma mere &
quelques vns de Messieurs de son
Conseil. Il leur represente de quelle importance estoit pour son Estat
& pour son authorité la Ligue que
les Catholiques commençoient,
mesmes s'ils venoient à se faire des
chefs, & qu'ils esleussent ceux de
Guise ; Qu'il y alloit du leur plus
que de tous autres ( entendant de
mon frere & de luy ; ) Que les Catholiques auoiét raison de se plaindre , & que son deuoir & sa con-
science l'obligeoient à mesconten-

ter pluftoft les Huguenots que les Catholiques ; Qu'il prioit & coniuroit mon frere , comme fils de France & bon Catholique qu'il eftoit , de le vouloir confeiller & affifter en cet affaire, où il y alloit du hazard de fa Couronne & de la Religion Catholique. Adjouftant à cela qu'il luy fembloit que pour couper le chemin à cette dangereufe Ligue , luy-mefme s'en deuoit faire le chef , & pour monftrer combien il auoit de zele à fa religion,& les empefcher d'eflire d'autre chef, la figner le premier comme chef , & la faire figner à mon frere , & à tous les Princes & Seigneurs , Gouuerneurs , & autres ayants charge en fon Royaume. Mon frere ne pûft que luy offrir le feruice qu'il deuoit à fa Majefté,

& à la conseruation de la religion Catholique. Le Roy ayant pris l'asseurance de l'assistance de mon frere en cette occasion, qui estoit la principale fin où tendoit l'artifice de cette Ligue, soudain fait appeller tous les Princes & Seigneurs de sa Cour, se fait apporter le roolle de ladite Ligue, y signe le premier comme chef, & y fait signer mon frere & tous les autres qui n'y auoient encor. signé. Le lendemain ils ouurent les Estats, ayant pris l'aduis de Messieurs les Euesques de Lyon, d'Ambrun, & de Vienne, & des autres Prelats qui estoient à la Cour, qui luy persuaderent qu'aprez le sermét qu'il auoit fait à son sacre, nul serment qu'il pûst faire aux heretiques ne pouuoit estre valable, ledit serment

de

de son sacre l'affranchissant de toutes les promesses qu'il auoit pû faire aux Huguenots. Ce qu'ayant prononcé à l'ouuerture des Estats, & ayant declaré la guerre aux Huguenots , il renuoya Genissac le Huguenot, qui depuis peu de iours estoit là de la part du Roy mon mary pour aduancer mon partement, auec parolles rudes & pleines de menaces , luy disant qu'il auoit donné sa sœur à vn Catholique, non à vn Huguenot , & que si le Roy mõ mary auoit enuie de m'auoir qu'il se fit Catholique. Toutes sortes de preparatifs à la guerre se font, & ne se parle à la Cour que de guerre; & pour rendre mon frere plus irreconciliable auec les Huguenots, le Roy le fait chef d'vne de ses armées. Genissac m'estant

venu dire le rude congé que le Roy
luy auoit donné, ie m'en vais droit
au cabinet de la Roine ma mere, où
le Roy estoit, pour me plaindre de
ce qu'il m'auoit iusques alors abu-
sée, m'ayant tousiours empeschée
d'aller trouuer le Roy mon mary,
& ayant feint de partir de Paris
pour me conduire à Poitiers pour
faire vn effet si contraire. Ie luy re-
presentay que ie ne m'estois pas
mariée pour plaisir ny de ma volonté ; Que ç'auoit esté de la volonté du Roy Charles, de la Roine ma mere, & de luy ; Que puis
qu'ils me l'auoient donné, ils ne
me pouuoient point empescher de
courre sa fortune ; Que i'y voulois
aller ; & que s'ils ne me le permet-
toient, ie me desroberois, & y irois
de quelque façon que ce fust au

hazard de ma vie. Le Roy me respondit ; Il n'est plus temps , ma
sœur , de m'importuner de ce congé. l'aduouë ce que vous dites,que
i'ay retardé exprez pour vous le refuser du tout. Car depuis que le
Roy de Nauarre s'est refait Huguenot , ie n'ay iamais trouué bon
que vous y allassiez. Ce que nous
en faisons la Roine ma mere &
moy c'est pour voftre bien. Ie veux
faire la guerre aux Huguenots, &
exterminer cette miserable religion qui nous fait tant de mal ; &
que vous, qui estes Catholique,&
qui estes ma sœur , fussiez entre
leurs mains comme oftage de moy,
il n'y a point d'apparence. Et qui
fçait fi pour me faire vne indignité
irreparable ils voudroient fe venger fur voftre vie du mal que ie

leur feray? Non, non, vous n'y irez
point ; & fi vous tafchez à vous
defrober, comme vous dites, faites
eftat que vous aurez & moy & la
Roine ma mere pour cruels ennemis, & que nous vous ferons reffentir noftre inimitié autant que
nous en aurons de pouuoir, & que
vous empirerez la condition de
voftre mary pluftoft que de l'a-
mender. Ie me retiray auec beaucoup de defplaifir de cette cruelle
fentence; & prenát aduis des principaux de la Cour de mes amis &
amies, ils me reprefentent qu'il me
feroit mal feant de demeurer en
vne Cour fi ennemie du Roy mon
mary, & d'où l'on luy feroit fi ou-
uertement la guerre , & qu'ils me
confeilloient pendant que cette
guerre dureroit de me tenir hors

de la Cour; mefmes qu'il me feroit plus honorable de trouuer, s'il eftoit poffible, quelque pretexte pour fortir du Royaume, ou fous couleur de pelerinage, ou pour vifiter quelqu'vn de mes parens. Madame la Princeffe de la Roche-fur-Yon eftoit de ceux que i'auois affemblez pour prendre leur aduis, qui eftoit fur fon partement pour aller aux eaux de Spa. Mon frere auffi y eftoit prefent, qui auoit amené auec luy Mondoucet, qui auoit efté Agent du Roy en Flandre, & en eftant depuis peu reuenu, auoit reprefenté au Roy combien les Flamens fouffroient à regret l'vfurpation que l'Efpagnol faifoit fur les loix de France de la domination & fouueraineté de Flandre; Que plufieurs Seigneurs

& Cómunautez de villes l'auoient
chargé de luy faire entendre combien ils auoient le cœur François,
& que tous luy tendoient les bras.
Mondoucet voyant que le Roy
mefprifoit cet aduis , n'ayant rien
en tefte que les Huguenots à qui il
vouloit faire reffentir le defplaifir
qu'ils luy auoiét fait d'auoir affifté
mon frere , ne luy en parla plus , &
s'adreffa à mon frere , qui ayant vn
vray naturel de Prince n'aimoit
qu'à entreprendre chofes grandes,
eftant plus né à cóquerir qu'à conferuer , lequel embraffe foudain
cette entreprife, qui luy plaift d'autant plus qu'il voit qu'il ne fait rien
d'iniufte, voulant feulement r'acquerir à la France ce qui luy eftoit
vfurpé par l'Efpagnol. Mondoucet pour cette caufe s'eftoit mis au

feruice de mon frere , qui le ren-
uoyoit en Flandre fous couleur
d’accompagner Madame la Princeffe de la Roche-fur-Yon aux
eaux de Spa ; lequel voyant que
chacun cherchoit quelque pretexte apparent pour me pouuoir tirer
hors de France durant cette guerre
(qui difoit en Sauoye, qui difoit en
Lorraine , qui à fainct Claude, qui
à noftre Dame de Lorette)dit tout
bas à mon frere ; Monfieur, fi la
Roine de Nauarre pouuoit feindre d’auoir quelque mal à quoy les
eaux de Spa , où va Madame la
Princeffe de la Roche-fur-Yon,
peuffent feruir, cela viendroit bien
à propos pour voftre entreprife de
Flandre, où elle pourroit faire vn
beau coup. Mon frere le trouua
fort bon , & fut fort aife de cette

ouuerture, & s'escria soudain ; O
Roine, ne cherchez plus, il faut que
vous alliez aux eaux de Spa , où va
Madame la Princesse.  Ie vous ay
veu quelquesfois vne eresipele au
bras; il faut que vous disiez que lors
les Medecins vous l'auoient ordonné, mais que la saison n'y estoit
pas si propre; Qu'à cette heure c'est
leur saison, & que vous suppliez le
Roy vous permettre d'y aller. Mon
frere ne se declara pas dauantage
deuât cette compagnie pourquoy
il le desiroit, à cause que Monsieur
le Cardinal de Bourbon y estoit,
qu'il tenoit pour Guisart & Espagnol.  Mais moy, ie l'entendis soudain , me doutant bien que c'estoit
pour l'entreprise de Flandre , dequoy Mondoucet nous auoit parlé à tous deux.  Toute la compa-

gnie fuſt de cet aduis, & Madame
la Princeſſe de la Roche-ſur-Yon,
qui y deuoit aller, & qui m'aimoit
fort, en receut fort grand plaiſir,&
me promit de m'y accompagner,
& de ſe treuuer auec moy quand
i'en parlerois à la Roine ma mere
pour le luy faire trouuer bon.  Le
lendemain ie trouuay la Roine ſeule, & luy repreſentay le mal & deſplaiſir que ce m'eſtoit de voir le
Roy mon mary en guerre contre
le Roy, & de me voir eſloignée de
luy; Que pendant que cette guerre
dureroit il ne m'eſtoit ny honorable ny bien-ſeant de demeurer à la
Cour ; Que ſi i'y demeurois ie ne
pouuois euiter de ces deux malheurs l'vn ; ou que le Roy mon
mary penſeroit que i'y fuſſe pour
mon plaiſir, & que ie ne le ſerui-

rois pas comme ie deuois ; ou que
le Roy prédroit foupçon de moy,
& croiroit que i’aduertirois toufiours le Roy mon mary ; Que l’vn
& l’autre me produiroient beaucoup de mal; Que ie la fuppliois de
trouuer bon que ie m’efloignaſſe
de la Cour pour l’euiter ; Qu’il y
auoit quelque temps que les Medecins m’auoient ordonné les eaux
de Spa pour l’erefipele que i’auois
au bras, à quoy depuis fi lóg temps
i’eſtois fuiette ; & que la faifon à
cette heure y eſtant propre, il me
fembloit que fi elle le trouuoit bon
ce voyage eſtoit bié à propos pour
m’efloigner en cette faifon , non
feulement de la Cour, mais de la
France , pour faire cognoiſtre au
Roy mon mary que ne pouuant
eſtre auec luy pour la deffiance du

Roy , ie ne voulois point eftre au lieu où on luy faifoit la guerre; Que i'efperois qu'elle par fa prudence difpoferoit les chofes auec le temps de telie façon, que le Roy mon mary obtiendroit vne paix du Roy, & rentreroit en fa bonne grace ; Que i'attendrois cette heureufe nouuelle pour lors venir prendre congé d'eux pour m'en aller trouuer le Roy mon mary ; & qu'en ce voyage de Spa Madame la Princeffe de la Roche-fur-Yon, qui eftoit là prefente, me faifoit cet honneur de m'accompagner. Elle approuua cette condition , & me dit qu'elle eftoit fort aife que i'euffe pris cet aduis ; Que le mauuais confeil que ces Euefques auoient donné au Roy de ne tenir fes promeffes , & rompre tout ce qu'elle

auoit promis & contracté pour luy,
luy auoit pour plusieurs considerations apporté beaucoup de desplaisir ; mesmes voyant que cet impetueux torrent entraisnoit auec soy & ruinoit les plus capables & meilleurs seruiteurs que le Roy eust en son Conseil, ( car le Roy en esloigna quatre ou cinq des plus apparens & plus entiers ) mais qu'entre tout cela, ce qui luy trauailloit le plus l'esprit, estoit de voir ce que ie luy representois, que ie ne pouuois euiter, demeurant à la Cour, l'vn de ces deux malheurs ; ou que le Roy mon mary ne l'auroit agreable & s'en prendroit à moy ; ou que le Roy entreroit en deffiance de moy pensant que i'aduertirois le Roy mon mary ; Qu'elle persuaderoit au Roy de trouuer bõ ce voya-

ge. Ce qu'elle fit, & le Roy m'en
parla fans monftrer d'en eftre en
cholere , eftant affez content de
m'auoir pû empefcher d'aller trouuer le Roy mon mary qu'il haïffoit
lors plus qu'aucune chofe du monde, & commanda que l'on defpef-
chaft vn courrier à Dom Iean
d'Auftriche qui commãdoit pour
le Roy d'Efpagne en Flandre, pour
le prier de me bailler les paffeports
neceffaires pour paffer librement
aux païs de fon authorité , parce
qu'il falloit bien auant paffer dans
la Flandre pour aller aux eaux de
Spa qui font aux terres de l'Euefché de Liege. Cela refolu nous
nous feparafmes tous à peu de iours
de là ( lefquels mon frere employa
à m'inftruire des offices qu'il defiroit de moy pour fon entreprife de

Flandre ) le Roy & la Roine ma mere s'en allants à Poitiers pour estre plus prez de l'armée de Monsieur de Mayenne qui assiegeoit Broüage, & qui de là deuoit passer en Gascogne pour faire la guerre au Roy mon mary; mon frere s'en allant auec l'autre armée dequoy il estoit chef assieger Issoire & les autres villes qu'il prit en ce temps-là; & moy en Flandre, accompagnée de Madame la Princesse de la Roche-sur-Yon, de Madame de Tournon ma Dame d'honneur, de Madame de Moüy de Picardie, de Madame la Castelaine de Millon, de Madamoiselle d'Atrie, de Madamoiselle de Tournon, & de sept ou huict autres filles ; & d'hommes, de Monsieur le Cardinal de Lenoncourt, de Monsieur l'Euesf-

que de Langres , de Monfieur de
Moüy, Seigneur de Picardie, maintenant beaupere d'vn frere de la
Roine Louïfe , nommé le Comte
de Chaligny,de mon premier Maiftre d'hoftel , de mes premiers Ef-
cuyers, & autres Gentils-hommes
de ma maifon. Cette compagnie
pleut tant aux eftrangers qui la vei-
rent, & la trouuerent fi lefte, qu'ils
en eurent la France en beaucoup
plus d'admiration. I'allois en vne
littiere faite à pilliers doublez de
velours incarnadin d'Efpagne en
broderie d'or & de foye nuée à deuife. Cette littiere étoit toutevitrée,
& les vitres toutes faites à deuife ; y
ayant, ou à la doubleure ou aux vitres, quarante deuifes toutes differentes, auec les mots en Efpagnol
& Italien, fur le Soleil & fes effets;

laquelle eſtoit ſuiuie de la littiere
de Madame de la Roche ſur-Yon,
& de celle de Madame de Tournon ma Dame d'honneur , & de
dix filles à cheual auec leur gouuernante , & de ſix carroſſes ou
chariots , où alloit le reſte des Dames & femmes d'elle & de moy. Ie
paſſay par la Picardie, où les villes
auoient commandement du Roy
de me receuoir ſelon que i'auois
cet honneur de luy eſtre, & me feirent tout l'honneur que i'euſſe pû
deſirer. Eſtant arriuée au Caſtelet,
qui eſt vn fort à trois lieuës de la
frontiere de Cambreſis, l'Eueſque
de Cambray, qui eſtoit lors terre
de l'Egliſe qui ne recognoiſſoit le
Roy d'Eſpagne que pour protec-
teur, m'enuoya vn Gentil-homme
pour ſçauoir l'heure à laquelle ie
parti-

partirois, pour venir au deuant de
moy iufques à l'entrée de fes terres , où ie le treuuay tres-bien accompagné de gens qui auoient les
habits & l'apparence de vrais Fla-
ments, comme ils font fort grof-
fiers en ce quartier-là. L'Euefque
eftoit de la maifon de Barlemont,
vne des principales de Flandre,
mais qui auoit le cœur Efpagnol,
comme ils ont monftré, ayants efté
ceux qui ont le plus affifté Dom
Iean. Il ne laiffa de me receuoir a-
uec beaucoup d'honneur , & non
moins de ceremonies Efpagnoles.
Ie trouuay cette ville de Cambray,
bien qu'elle ne foit baftie dé fi bonne eftoffe que les noftres de France, beaucoup plus agreable, pour y
eftre les ruës & places beaucoup
mieux proportionnées, & difpo-

M

fées comme elles font , & les Eglifes tres-grandes & belles ,  ornement  commun à toutes les villes
de la France.  Ce que ie recognus
en cette ville d'eftime & de mar-
que, fuft la citadelle,des plus belles
& des mieux acheuées de la Chre-
ftienté. Ce que depuis elle feit bien
efpreuuer aux Efpagnols , eftant
fous l'obeïffance de mon frere. Vn
honnefte homme, nommé Monfieur d'Ainfi en eftoit lors Gouuerneur, lequel en grace , en apparence, & en toutes belles parties re-
quifes à vn  parfait Caualier n'en
deuoit rié à nos plus parfaits courtifans, ne participant nullement de
cette naturelle rufticité qui femble
eftre propre aux Flamens. L'Euefque nous fit feftin , & nous donna
aprez foupper le plaifir du bal, où

il fit venir toutes les Dames de la
ville ; auquel ne fe trouuant, & s’e-
ftant retiré foudain aprez foupper,
pour eftre , comme i’ay dit, d’humeur ceremonieufe & Efpagnole,
Monfieur d’Ainfi eftant le plus ap-
parét de la trouppe , il le laiffa pour
m’entretenir durant le bal , & me
mener aprez à la collation de con-
fitures;imprudemment,ce me femble , veu qu’il auoit la charge de la
citadelle.  l’en parle comme fça-
uante à mes defpens , pour auoir
plus appris que ie n’en defirerois
comme il fe faut comporter à la
garde d’vne place. La fouuenan ce
de mon frere ne me partant iamais
de l’efprit, pour n’affcctionner rien
tant que luy , ie me reffouuins lors
des inftructions qu’il m’auoit don-
nées , & voyant la belle occafion

qui m'estoit offerte pour luy faire
vn bon seruice en son entreprise
de Flandre, cette ville de Cambray
& cette citadelle en estans comme
la clef, ie ne la laissay perdre, & em-
ployay tout ce que Dieu m'auoit
donné d'esprit à rendre Monsieur
d'Ainsi affectionné à la France, &
particulierement à mon frere. Dieu
permit qu'il me reüssit, si bien que
se plaisant en mon discours, il deli-
bera de me voir le plus long temps
qu'il pourroit, & de m'accompagner tant que ie serois en Flandre;
& pour cet effet demanda congé à
son maistre de venir auec moy iusques à Namur, où Dom Iean d'Au-
striche m'attendoit, disant qu'il
desiroit de voir les triomphes de
cette reception. Ce Flament Es-
pagnolisé, fust neantmoins si mal

aduisé que de le luy permettre. Pendant ce voyage , qui dura dix ou
douze iours, il me parla le plus fouuent qu'il pouuoit , monstrant ou-
uertement qu'il auoit le cœur tout
François, & qu'il ne respiroit que
l'heure d'auoir vn si braue Prince
que mon frere pour maistre & Seigneur, mesprisant la subjection &
domination de son Euesque , qui
bien qu'il fust son souuerain n'e-
stoit que Gentil-homme comme
luy, mais beaucoup son inferieur
aux qualitez & graces de l'esprit &
du corps.

Partant de Cambray i'allay coucher à Valenciennes, terre de Flandre, où Monsieur le Comte de Lalain , Monsieur de Montigny son
frere, & plusieurs autres Gentils-
hommes au nombre de deux ou

trois cens vindrent au deuant de
moy pour me reccuoir au fortir
des terres de Cambrefis, iufques où
l'Euefque de Cambray m'auoit
conduitte. Eftant arriuee à Valenciennes , ville qui cede en force à
Cambray , & non en l'ornement
des belles places & des belles Eglifes, où les fontaines & les horologes, auec induftrie propre aux Alle-
mans , ne donnoient peu de merueille à nos François, ne leur eftant
commun de voir des horologes
reprefenter vne agreable mufique
de voix auec autant de fortes de
perfonnes que le petit chafteau
que l'on alloit voir au faux-bourg
fainct Germain. Môfieur le Comte de Lalain , cette ville eftant de
fon gouuernement, feit feftin aux
Seigneurs & Gentils-hommes de

ma trouppe, remettant à Monts à
traitter les Dames, où fa femme, fa
belle fœur Madame d'Aurée , &
toutes les plus apparentes & galantes Dames m'attendoient pour
me receuoir , & où le Comte &
toute fa trouppe me conduifit le
lendemain. Il fe difoit eftre parent
du Roy mon mary , & eftoit perfonne de grande authorité & de
grands moyens , auquel la domination d'Efpagne auoit toufiours
efté odieufe, en eftant tres-offenfé
depuis la mort du Comte d'Aigmont qui luy eftoit proche parent.
Et bien qu'il eut maintenu fon
gouuernement fans eftre entré en
la ligue du Prince d'Orange ny des
Huguenots , eftant Seigneur tres-
Catholique , il n'auoit iamais voulu voir Dom Iean , qui ne l'auoit

osé forcer de faire au cótraire, craignant s'il l'attaquoit de faire ioindre la ligue des Catholiques de Flandre, que l'on nomme la ligue des Estats, à celle du Prince d'Orange & des Huguenots, preuoyát bien que cela luy donneroit autant de peine, comme depuis ceux qui ont esté pour le Roy d'Espagne l'ont esprouué. Le Comte de Lalain estant tel, ne pouuoit assez faire de demóstration du plaisir qu'il auoit de me voir là ; & quand son Prince naturel y eut esté, il ne l'eust pû receuoir auec plus d'honneur & de demonstration de bien-vueillance & d'affection. Arriuant à Monts à la maison du Comte de Lalain, où il me feit loger, ie trouuay à la court la Comtesse de Lalain sa femme auec bien quatre

vingts ou cent Dames du païs ou
de la ville, de qui ie fus receuë, non
comme Princeſſe eſtrangere, mais
comme ſi i'euſſe eſté leur naturelle
Dame. Le naturel des Flamendes
eſtant d'eſtre priuées, familieres, &
ioyeuſes, & la Comteſſe de Lalain
tenant de ce naturel, ayant dauantage vn eſprit grand & eſleué, de
quoy elle ne reſſembloit moins à
voſtre couſine que du viſage & de
la façon, cela me donna ſoudain
aſſeurance qu'il me ſeroit aiſé de
faire amitié eſtroitte auec elle.
L'heure du ſoupper venuë nous al-
lons au feſtin & au bal, que le Comte de Lalain continua tant que ie
fus à Monts ; qui fut plus que ie ne
penſois, eſtimant de deuoir partir
le lendemain. Mais cette honneſte
femme me contraignit de paſſer

vne femaine auec eux. Ce que ie ne
voulois faire , craignant de les incommoder. Mais il ne me fuſt poſ-
ſible de le perſuader à ſon mary ny
à elle , qui encore à toute force me
laiſſerent partir au bout de huiƈt
iours. Viuant auec telle priuauté
auec elle , elle demeura à mon coucher fort tard , & y euſt demeuré
dauantage , mais elle faiſoit choſe
peu commune à perſonnes de telle
qualité ; ce qui toutesfois teſmoi-
gne vne nature accompagnée d'v-
ne grande bonté. Elle nourriſſoit
ſon petit fils de ſon lait , de ſorte
qu'eſtant le lendemain au feſtin aſſiſe tout auprez de moy à la table,
qui eſt le lieu où ceux de ce païs-là
ſe communiquent auec plus de
franchiſe , n'ayant l'eſprit bandé
qu'à mon but, qui n'eſtoit que d'a-

uancer le deffein de mon frere, elle
parée & toute couuerte de pierreries & de broderies, auec vne robil-
le à l'Efpagnole de toile d'or noi-
re, auec des bandes de broderie de
canetille d'or & d'argent, & vn
pourpoint de toile d'argent blanche en broderie d'or, auec des gros
boutons de diamant (habit appro-
prié à l'office de nourrice) l'on luy
apporta à la table fon petit fils, em-
maillotté auffi richement qu'eftoit
veftuë la nourrice, pour luy donner à taitter. Elle le met entre nous
deux fur la table, & librement fe
deboutonne baillant fon tetin à
fon petit. Ce qui euft efté tenu à
inciuilité à quelqu'autre ; mais elle
le faifoit auec tant de grace & de
naïfueté, comme toutes fes actions
en eftoient accompagnées, qu'elle

en receut autant de loüanges que
la compagnie de plaifir. Les tables
leuées, le bal commença en la fale
mefme que nous eftions, qui eftoit
grande & belle , où eftants affifes
l'vne auprez de l'autre , ie luy dis
qu'encores que le contentement
que ie receuois lors en cette compagnie fe púft mettre au nombre
de ceux qui m'en auoient plus fait
reffentir, ie fouhaittois prefque de
ne l'auoir point receu, pour le defplaifir que ie receurois partant d'a-
uec elle , de voir que la fortune
nous tiendroit pour iamais priuez
du plaifir de nous voir enfemble;
Que ie tenois pour vn des malheurs de ma vie que le Ciel ne nous
euft fait naiftre elle & moy d'vne
mefme patrie. Ce que ie difois pour
la faire entrer aux difcours qui

pouuoiét feruir au deffein de mon frere. Elle me refpondit ; Ce païs a efté autresfois de France, & à cette caufe l'on y plaide encor en François , & cette affection naturelle n'eft pas encor fortie du cœur de la plufpart de nous. Pour moy, ie n'ay plus autre chofe en l'ame depuis que i'ay eu l'honneur de vous voir. Ce païs a efté autresfois affectionné à la maifon d'Auftriche , mais cette affection nous a efté arrachée en la mort du Comte d'Aigmont, de Monfieur de Horne , de Monfieur de Montigny , & des autres Seigneurs qui furent lors desfaits, qui eftoient nos proches parens, & appartenants à la plufpart de la nobleffe de ce païs. Nous n'auons rien de plus odieux que la domination de ces Efpagnols , & ne fou-

haittons rien tant que de nous deliurer de leur tyrannie, & ne fçau-
rions toutesfois comme y proceder, pource que ce païs est diuisé à
cause des differentes religions. Que
si nous estions tous bien vnis, nous
aurions bien tost ietté l'Espagnol
dehors ; mais cette diuision nous
rend trop foibles. Que pleust à
Dieu qu'il prist enuie au Roy de
France vostre frere de r'acquerir ce
païs , qui est sien d'ancienneté!
Nous luy tendrions tous les bras.
Elle me disoit cecy à l'improuiste,
mais premeditément pour trouuer
du costé de la Fráce quelque remede à leurs maux. Moy, me voyant
le chemin ouuert à ce que ie desirois, ie luy respondis ; Le Roy de
France mon frere n'est d'humeur
pour entreprendre des guerres

eſtrangeres, meſmes ayant en ſon
Royaume le party des Huguenots,
qui eſt ſi fort que cela l'empeſche-
ra touſiours de rien entreprendre
dehors. Mais mon frere Monſieur
d'Alençon, qui ne doit rien en valeur, prudence, & bonté, aux Rois
mes pere & freres, entendroit bien
à cette entrepriſe, & n'auroit moins
de moyens que le Roy de France
mon frere de vous y ſecourir. Il eſt
nourry aux armes, & eſtimé vn des
meilleurs Capitaines de noſtre
temps, eſtant meſmes à cette heure
commandant l'armée du Roy contre les Huguenots, auec laquelle il
a pris depuis quie' ie ſuis partie ſur
eux vne tres-forte ville nommée
Iſſoire, & quelques autres. Vous
ne ſçauriez appeller Prince de qui
le ſecours vous ſoit plus vtile, pour

vous eftre fi voifin , & auoir vn fi
grãd Royaume que celuy de France à fa deuotion , duquel il peut tirer & moyens & toutes commoditez neceffaires à cette guerre.　Et
s'il receuoit le bon office de Monfieur le Comte voftre mary , vous
vous pouuez affeurer qu'il auroit
telle part à fa fortune qu'il voudroit, mon frere eftant d'vn naturel doux , non ingrat , qui ne fe
plaift qu'à recognoiftre vn feruice
ou vn bon office receu.　Il honore
& cherit les gens d'honneur & de
valeur, auffi eft-il fuiuy de tout ce
qui eft de meilleur en France.　Ie
crois que l'on traittera bien toft
d'vne paix en France auec les Huguenots , & qu'à mon retour en
France ie la pourray trouuer faite.
Si Monfieur le Comte voftre mary
eft

est en cecy de mesme opinion que
vous & de mesme volonté, qu'il
aduise s'il veut que i'y dispose mon
frere, & ie m'asseure que ce païs,
& vostre maison en particulier, en
receura toute felicité. Que si mon
frere s'establissoit par vostre moyé
icy, vous pouuez croire que vous
m'y reuerriez souuent, estant nostre amitié telle qu'il n'y en eust iamais vne de frere à sœur si parfaite.
Elle receust auec beaucoup de contentement cette ouuerture, & me
dit qu'elle ne m'auoit pas parlé de
cette façon à l'aduanture ; mais
voyát l'hóneur que ie luy faisois de
l'aimer, elle auoit bien resolu de ne
me laisser partir de là qu'elle ne me
descouurit l'estat auquel il estoit,
& qu'ils ne me requissent de leur
apporter du costé de France quel-

N

que remede pour les affranchir de
la crainte où ils viuoient de se voir
en vne perpetuelle guerre , ou re-
duits sous la tyrannie Espagnole;
me priant que ie trouuasse bon que
elle descouurit à son mary tous les
propos que nous auiós eu, & qu'ils
m'en pussent parler le lendemain
tous deux ensemble. Ce que ie trou
uay tresbon. Nous passasmes cette
apresdisnée en tels discours, & en
tous autres que ie pensois seruir à
ce dessein ; à quoy ie voyois qu'elle prenoit vn grand plaisir.  Le bal
estant finy nous allasmes ouïr Vespres aux Chanoinesses, qui est vn
ordre de Religieuses de quoy nous
n'auons point en France.  Ce sont
toutes Damoiselles que l'on y met
petites pour faire profiter leur mariage iusques à ce qu'elles soient en

aage de fe marier. Elles ne logent
pas en dortoir , mais en maifons
feparées, toutesfois toutes dans vn
enclos comme les Chanoines , &
en chafque maifon il y en a trois,
ou quatre , ou cinq , ou fix ieunes
auec vne vieille , defquelles vieilles
il y en a quelque nombre qui ne fe
marient point , ny auffi l'Abbeffe.
Elles portent feulement l'habit de
religion le matin au feruice de l'E-
glife, & l'aprefdifnée à Vefpres, &
foudain que le feruice eft fait elles
quittent l'habit, & s'habillét comme les autres filles à marier , allans
par les feftins & par les bals librement comme les autres ; de forte
qu'elles s'habillent quatre fois le
iour. Elles fe trouuerent tous les
iours au feftin & au bal, & y danfe-
rent d'ordinaire. Il tardoit à la

Comtesse de Lalain que le soir ne fut venu pour faire entendre à son mary le bon commencemét qu'elle auoit donné à leurs affaires. Ce qu'ayant fait la nuit suiuante, le lendemain elle m'amena son mary, qui me fait vn grand discours des iustes occasions qu'il auoit de s'affranchir de la tyrannie de l'Espagnol. En quoy il ne pensoit point entreprendre contre son Prince naturel, sçachant que la souueraineté de Fládre appartenoit au Roy de France. Il me representa les moyés qu'il y auoit d'establir mon frere en Flandre, ayant tout le Hainaut à sa deuotion, qui s'estendoit iusques bien prez de Bruxelles. Il n'estoit en peine que du Cambresis, qui estoit entre la Flandre & le Hainaut, & me dit qu'il seroit bon

de gaigner Monfieur d’Ainfi. Mais
ie luy dis que ie le priois luy-mefme
de s’y employer, & qu’il le pourroit mieux faire que moy , eftant
fon voifin & amy.  L’ayant donc
affeuré de l’eftat qu’il pourroit faire de l’amitié & bien-vueillance de
mon frere , à la fortune duquel il
participeroit autant de grandeur
& d’authorité qu’vn fi grand & fi
fignalé feruice receu d’vne perfonne de fa qualité le meritoit, nous re-
folufmes qu’à mon retour ie m’ar-
refterois chez moy à la Fere , où
mon frere viendroit, & que Monfieur de Montigny , frere dudit
Comte de Lalain, viendroit traitter auec mon frere de cette affaire.
Pendant que ie fus là ie le confir-
may & fortifiay toufiours en cette
volonté ; à quoy fa femme appor-

toit non moins d'affection que
moy. Et le iour venu qu'il me falloit partir de cette belle cópagnie
de Monts, ce ne fut sans recipro-
que regret & de toutes les Dames
Flamendes & de moy, & sur tout
de la Comtesse de Lalain, pour l'a-
mitié tres-grande qu'elle m'auoit
voüée, & me feit promettre qu'à
mon retour ie passerois par là. Ie
luy donnay vn carquan de pierreries, & à son mary vn cordon &
enseigne de pierreries, qui furent
estimez de grande valeur ; mais
beaucoup cheris d'eux pour partir
de la main d'vne personne qu'ils
aimoient comme moy. Toutes les
Dames demeurerent là fors Madame d'Aurec qui veint à Namur où
i'allay coucher ce iour-là. Son mary & son beau frere Monsieur le

Duc d'Arfcot y eftoient, y ayants
toufiours demeuré depuis la paix
entre le Roy d'Efpagne & les Eftats
de Flandre. Car bien qu'ils fuffent
du party des Eftats , le Duc d'Arfcot eftoit vn vieil Courtifan des
plus galants qui fuffent de la Cour
du Roy Philippes, du temps qu'il
eftoit en Flandre & en Angleter-
re , qui fe plaifoit toufiours à la
Cour auprez des grands. Le Comte de Lalain auec toute la nobleffe
me códuifit le plus auant qu'il pût
bien deux lieuës hors de fon gouuernement, & iufques à tant que
l'on veit paroiftre la trouppe de
Dom Iean. Lors il prit congé de
moy, pource que, comme i'ay dit,
ils ne fe voyoient point. Monfieur
d'Ainfi feulement veint auec moy,
pour eftre fon maiftre l'Euefque

de Cambray du party d'Efpagné.
Cette belle & grande trouppe s'en
eftant retournée, ayant fait peu de
chemin, ie trouuay Dom Iean d'Auftriche accompagné de force efta-
fiers, mais feulement de vingt ou
trente cheuaux, accompagné des
Seigneurs le Duc d'Arfcot, Monfieur d'Aurec, le Marquis de Va-
rembon, & le ieune Balençon gouuerneur pour le Roy d'Efpagne du
Comté de Bourgogne, qui galants
& honneftes hommes eftoient venus en pofte pour fe trouuer là à
mon paffage. Des domeftiques
de Dom Ieã il n'y en auoit de nom
& d'apparence qu'vn Ludouic de
Gonzague, qui fe difoit parent du
Duc de Mantoüe. Le refte eftoit
de petites gens de mauuaife mine,
n'y ayant nulle nobleffe de Flan-

dre. Il meit pied à terre pour me
falüer dans ma littiere, qui eftoit
releuée & toute ouuerte. Ie le fa-
lüay à la Françoife luy , le Duc
d’Arfcot , & Monfieur d’Aurec.
Aprez quelques honneftes parolles
il remonta à cheual, parlant toufiours à moy iufques à la ville , où
nous ne pûfmes arriuer qu’il ne fut
foir, pour ne m’auoir les Dames de
Monts permis de partir que le plus
tard qu’elles pûrent ; mefmes m’a-
yants amufé dans ma littiere plus
d’vne heure à la confiderer, prenáts
vn extréme plaifir à fe faire donner
l’intelligence des deuifes. L’ordre
toutesfois fuft fi beau à Namur,
comme les Efpagnols font excel-
lents en cela, & la ville fi efclaircie,
que les feneftres & boutiques eftás
pleines de lumiere l’on voyoit lui-

re vn nouueau iour. Ce foir Dom
Iean feit feruir & moy & mes gens
dans les logis & les chambres, eftimant qu'aprez vne longue iournée il n'eftoit raifonnable de nous
incommoder d'aller à vn feftin. La
maifon où il me logea eftoit accommodée pour me receuoir , où
l'on auoit trouué moyen d'y faire
vne belle & grande fale, & vn ap-
partement pour moy de chambres
& de cabinets , le tout tendu des
plus beaux, riches, & fuperbes meubles que ie penfe iamais auoir veus,
eftants toutes les tapifferies de velours ou de fatin , faites auec de
groffes colonnes faites de toille
d'argent couuertes de broderie de
gros cordons & des godrons de
broderie d'or , efleuez de la plus riche & belle façon qui fe peut voir,

& au milieu de ces colonnes des
gráds perſonnages habillez à l'an-
tique, & faits de la meſme broderie. Monſieur le Cardinal de Le-
nócourt, qui auoit l'eſprit curieux
& delicat, s'eſtant rendu familier
du Duc d'Arſcot, vieil courtiſan,
comme i'ay dit, d'humeur galante
& belle, tout l'honneur certes de
la trouppe de Dom Iean, conſide-
rant vn iour que nous fuſmes là ces
magnifiques & ſuperbes meubles,
luy dit ; Ces meubles me ſemblent
pluſtoſt d'vn grand Roy, que d'vn
ieune Prince à marier tel qu'eſt
Dom Iean. Le Duc d'Arſcot luy
reſpondit ; Ils ont eſté faits auſſi de
fortune, & non de preuoyance ny
d'abondance, les eſtoffes luy ayant
eſté enuoyées par vn Baſcha du
grand Seigneur, duquel en la no-

table victoire qu’il euſt, contre le Turc il auoit eu pour priſonniers les enfans. Et le Seigneur Dom Iean luy ayãt fait courtoiſie de les luy renuoyer , & ſans rançon, le Baſcha pour reuenche luy feit preſent d’vn grand nombre d’eſtoffes de ſoye, d’or, & d’argent, qui luy arriuerent eſtant à Milan, où l’on approprie mieux telle choſe. Il en feit faire les tapiſſeries que vous voyez, & pour la ſouuenance de la glorieuſe façon dequoy il les auoit acquiſes, il fit faire le lict & la tente de la chambre de la Roine en broderie des batailles nouuelles repreſentans la glorieuſe victoire de la bataille qu’il auoit gaignée ſur les Turcs. Le matin eſtant venu, Dom Iean nous feit ouïr vne Meſſe à la façon d’Eſpagne , auec muſique,

violons, & cornets ; & allants de là
au festin de la grande sale nous dis-
nasmes luy & moy seuls en vne table , la table du festin où estoient
les Dames & Seigneurs esloi-
gnée trois pas de la nostre, où Madame d'Aurec faisoit l'honneur de
la maison pour Dom Iean, luy se
faisant donner à boire à genoux
par Ludouic de Gonzague. Les
tables leuées le bal commença, qui
dura toute l'apresdisnée. Le soir se
passe de cette façon , Dom Iean
parlant tousiours à moy, & me disant souuent qu'il voyoit en moy
la ressemblance de la Roine sa Si-
gnora, qui estoit la feuë Roine ma
sœur qu'il auoit beaucoup hono-
rée, me tesmoignát par tout l'honneur & courtoisie qu'il pouuoit
faire à moy & à toute ma trouppe,

qu'il receuoit tres-grand plaifir de
me voir là.  Les batteaux où ie deuois aller par la riuiere de Meufe
iufques au Liege ne pouuants eftre
fi toft prefts , ie fus contrainte de
feiourner le lendemain, où ayant
paffé toute la matinée cóme le iour
de deuant, l'aprefdifnée nous mettans dans vn tres-beau batteau fur
la riuiere, enuironné d'autres batteaux pleins de haut-bois, cornets,
& violons , nous abordafmes en
vne Ifle, où Dom Iean auoit fait
apprefter le feftin dans vne belle
fale faite de lierre, accommodée de
cabinets autour remplis de mufique , & de haut-bois & autres in-
ftruments, qui dura tout le long du
foupper.  Les tables leuées, le bal
ayant duré quelque heure , nous
nous en retournafmes dans le mef-

me batteau qui nous auoit con-
duits iufques là , & lequel Dom
Iean m'auoit fait preparer pour
mon voyage. Le matin voulant
partir Dom Iean m'accompagna
iufques dans le batteau , & aprez
vn honnefte & courtois à Dieu,
me bailla pour m'accompagner
iufques à Huy où i'allois coucher,
premiere ville de l'Euefque de Liege, Monfieur & Madame d'Aurec. Dom Iean forty, Monfieur
d'Ainfi , qui deméura le dernier
dans le batteau , & n'auoit congé
de fon maiftre de me conduire plus
loing , prend congé de moy auec
autant de regrets que de protefta-
tions d'eftre à iamais feruiteur de
mon frere & de moy. La fortune
enuieufe & traiftreffe ne pouuant
fupporter la gloire d'vne fi heureu-

fe fortune qui m'auoit accompagnée iufques là en ce voyage, me donna deux finiftres augures des trauerfes que pour contenter fon enuie elle me preparoit à mon retour; dont le premier fut, que foudain que le batteau commença à s'efloigner du bord Madamoifelle de Tournon ma Dame d'honneur, Damoifelle tres-vertueufe, & accompagnée des graces que i'aimois fort, prit vn mal fi eftrange, que tout foudain il la meit aux hauts cris pour la violente douleur qu'elle reffentoit, qui prouenoit d'vn ferrement de cœur qui fut tel, que les Medecins n'eurent iamais moyen d'empefcher que peu de iours aprez que ie fus arriuée au Liege la mort ne la rauift. I'en diray la funefte hiftoire en fon lieu,

pour

pour eftre remarquable.  L'autre
eft, qu'arriuant à Huy, ville fituée
fur le panchant d'vne montagne, il
s'efmeut vn torrent fi impetueux,
defcendant des rauages d'eau de la
montagne en la riuiere , que la
groffiffant tout d'vn coup , comme noftre batteau arriuoit nous
n'eufmes prefque le loifir de fauter
à terre ,  & courir tant que nous
pûfmes pour gaigner le haut de la
montagne, que la riuiere fuft auffi
toft que nous à la plus haute ruë
auprez de mon logis qui eftoit le
plus haut, où il nous fallut contenter ce foir là de ce que le maiftre de
la maifon pouuoit auoir , n'ayant
moyen de pouuoir tirer des batteaux ny gens ny mes hardes, ny
moins d'aller par la ville, qui eftoit
comme fubmergée dans ce deluge,

O

duquel elle ne fut auec moins de
merueille deliurée que faifie ; car
au point du iour l’eau eftoit toute
retirée, & remife en fon lieu naturel. Partant de là Monfieur & Madame d’Aurec s’en retournerent à
Namur trouuer Dom Iean, & moy
ie me remis dans mon batteau pour
aller ce iour là coucher au Liege,
où l’Euefque, qui en eft Seigneur,
me receut auec tout l’honneur & la
demonftration de bonne volonté
qu’vne perfonne courtoife & bien
affectionnée peut tefmoigner. C’e-
ftoit vn Seigneur accompagné de
beaucoup de vertu, de prudence, &
de bonté, & qui parloit bien François, agreable de fa perfonne, honorable, magnifique, & de compagnie fort agreable, accompagné
d’vn Chapitre & plufieurs Cha-

noines, tous fils de Ducs, Comtes, & de grands Seigneurs d'Allemagne, parce que cet Euefché, qui est vn Estat fouuerain de grand reuenu, & remply de beaucoup de bonnes villes, s'obtient par eflection, & faut qu'ils demeurent vn an refidéts, & qu'ils foient nobles pour estre receus Chanoines.   La ville est plus grande que Lyon , & est prefque en mefme affiette, la riuiere de Meufe paffant au milieu;tresbien bastie , n'y ayant maifon de Chanoine qui ne paroiffe vn beau palais; les ruës grandes & larges; les places belles, accompagnées de tres - belles fontaines ; les Eglifes ornées de tant de marbre, qui fe tire prez de là, qu'elles en paroiffent toutes ; les horologes faits auec l'industrie d'Allemagne, chantants

O ij

& repreſentants toutes ſortes de
muſique & de perſonnages. L'E-
ueſque m'ayant receuë ſortant de
mon batteau, me conduiſit en ſon
plus beau palais, tres-magnifique,
accompagnée de tres-belles fontaines, & de pluſieurs iardins &
galeries ; le tout tant peint, tant
doré, & accommodé auec tant de
marbre, qu'il n'y a rien de plus magnifique & de plus delicieux. Les
eaux de Spa n'eſtans qu'à trois ou
quatre lieuës de là, & n'y ayant
qu'auprez vn petit village de trois
ou quatre petites maiſons, Madame la Princeſſe de la Roche-ſur-
Yon fuſt conſeillée par les Medecins de demeurer au Liege, & d'y
faire apporter ſon eau, l'aſſeurans
qu'elle auroit autant de force & de
vertu eſtant apportée la nuit auant

que le foleil fuft leué. Dequoy ie
fus fort aife, pour faire noftre feiour en lieu plus commode & en fi
bonne compagnie. Car outre celle de fa Grace ( ainfi appelle-t'on
l'Euefque de Liege, comme on ap-
pelle vn Roy fa Majefté , & vn
Prince fon Alteffe ) le bruit ayant
couru que ie paffois par là , plufieurs Seigneurs & Dames d'Allemagne y eftoient venus pour me
voir , & entre autres Madame la
Comteffe d'Aremberg(qui eft celle qui auoit eu l'honneur de conduire la Roine Elizabeth à fes nopces à Mezieres , lors qu'elle veint
efpoufer le Roy Charles mon frere, & fa fœur aifnée au Roy d'Efpagne fon mary ) femme qui eftoit
tenuë en grande eftime de l'Impe-
ratrice,de l'Empereur,& de tous les

Princes Chrestiens ; sa sœur Madame la Lantgraue; Madame d'A-
remberg sa fille ; Monsieur d'A-
remberg son fils, tres-honneste &
galant homme, vifue image de son
pere, qui amenant le secours d'Espagne au Roy Charles mon frere
s'en retourna auec beaucoup d'hóneur & de reputation. Cette arriuée toute pleine d'honneur & de
ioye, eust esté encor plus agreable
sans le malheur de la mort qui arriua à Madamoiselle de Tournon;
de qui l'histoire estant si remarquable, ie ne puis obmettre à la ra-
conter faisant cette digression à
mon discours. Madame de Tournon , qui estoit lors ma Dame
d'honneur, auoit lors plusieurs filles, desquelles l'aisnée auoit espou-
sé Monsieur de Balançon Gouuer-

neur pour le Roy d’Efpagne au
Comté de Bourgogne, & s’en allant à fon mefnage pria fa mere
Madame de Tournon de luy bailler fa fœur Madamoifelle de Tournon pour la nourrir auec elle, &
luy tenir compagnie en ce païs où
elle eftoit efloignée de tous fes parents.  Sa mere la luy accorde ; & y
ayant demeuré quelques années en
fe faifant agreable & belle, (car fa
principale beauté eftoit fa vertu &
fa grace) Monfieur le Marquis de
Varanbon, de qui i’ay parlé cy deuant, lequel eftoit deftiné à eftre
d’Eglife, demeurant auec fon frere
Monfieur de Balançon en mefme
maifon, deuint par l’ordinaire fre-
quentation qu’il auoit auec Madamoifelle de Tournon fort amoureux d’elle, & n’eftant point obli-
O iiij

gé à l'Eglife il defire l'efpoufer. Il
en parle aux parents d'elle & de
luy. Ceux du cofté d'elle le trouuerent bon ; mais fon frere Monfieur de Balançon , eftimant plus
vtile qu'il fuft d'Eglife , fait tant
qu'il empefche cela, s'opiniaftrât à
luy faire prendre la robbe longue.
Madame de Tournon,tres-fage &
tres-prudente femme, s'offenfant
de cela ofta fa fille Mad amoifelle de
Tournon d'auec fa fœur Mada-
me de Balançon , & la prit auec elle. Et comme elle eftoit femme vn
peu terrible & rude, fans auoir ef-
gard que cette fille eftoit grande &
meritoit vn plus doux traittement,
elle la gourmáde & crie fans ceffe,
ne luy laiffant prefque iamais l'œil
fec, bien qu'elle ne fit nulle action
qui ne fut tres-loüable. Mais c'e-
ftoit la feuerité naturelle de fa me-

re. Elle ne fouhaittant que de fe
voir hors de cette tyrannie , receut
vne certaine ioye quand elle veit
que i'allois en Flandre , péfant bien
que le Marquis de Varanbon s'y
trouueroit comme il feit, & qu'e-
ftant lors en eftat de fe marier, ayát
du tout quitté la robbe longue, il
la demanderoit à fa mere , & que
par le moyen de ce mariage elle fe
trouueroit deliurée des rigueurs de
fa mere. A Namur le Marquis de
Varanbon & le ieune Balançon
fon frere s'y trouuerent , comme
i'ay dit. Le ieune de Balançon, qui
n'eftoit pas de beaucoup fi agreable que l'autre, accofte cette fille, la
recherche , & le Marquis de Varanbon , tant que nous fufmes à
Namur, ne feit pas feulement femblant de la cognoiftre. Le defpit,

le regret , l'ennuy luy ferre tellement le cœur, elle s'eftant contrainte de faire bonne mine tant qu'il
fut prefent fans monftrer de s'en
foucier, que foudain qu'ils furent
hors du batteau où ils nous dirent
à Dieu, elle fe trouue tellement faifie qu'elle ne peut plus refpirer
qu'en criant & auec des douleurs
mortelles. N'ayant nulle autre caufe de fon mal, la ieuneffe combat
huit ou dix iours la mort,qui armée
de defpit fe rend en fin victorieufe,
la rauiffant à fa mere & à moy , qui
n'en feifmes moins de dueil l'vne
que l'autre. Car fa mere,bien qu'elle fuft fort rude, l'aimoit vniquement. Ses funerailles eftants com-
mandées les plus honorables qu'il
fe pouuoit faire, pour eftre de gráde maifon comme elle eftoit, mef-

me appartenant à la Roine ma mere, le iour venu de son enterremét,
l'on ordóne quatre Gentils-hommes des miés pour porter le corps;
l'vn desquels estoit la Bressiere (qui
l'auoit pendant sa vie passionné-
ment adorée sans le luy auoir osé
descouurir, pour la vertu qu'il cognoissoit en elle & pour l'inegali-
té ) qui lors alloit portant ce mortel faix , & qui mouroit autant de
fois de sa mort, qu'il estoit mort
de son amour. Ce funeste conuoy
estant au milieu de la ruë qui alloit
à la grande Eglise , le Marquis de
Varambon coulpable de ce triste
accident , quelques iours aprez
mon partement de Namur s'estant
repenty de sa cruauté, & son ancienne flame s'estant de nouueau
r'allumée ( ô estrange fait ! ) par

l’abſence , qui par la preſence ne pouuoit eſtre eſmeuë, ſe reſout de la venir demander à ſa mere, ſe con-fiant peut eſtre en la bonne fortu-ne qui l’accompagne d’eſtre aimé de toutes celles qu’il recherche, comme il a paru depuis peu en vne grande qu’il a eſpouſée contre la volonté de ſes parents, & ſe pro-mettant que ſa faute luy ſeroit aiſé-ment pardonnée de ſa maiſtreſſe, repetant ſouuent ces mots Italiens *Che la forza d’amore non riſguarda al delitto* , prie Dom Iean de luy donner vne commiſſion vers moy, & venant en diligence arriue iuſte-ment ſur le point que ce cops auſſi malheureux qu’innocent & glo-rieux en ſa virginité eſtoit au mi-lieu de cette ruë. La preſſe de cette pompe l’empeſche de paſſer. Il regarde que c'eſt. Il aduiſe de loing au milieu d'vne grande & triſte trouppe des perſonnes en dueil, & vn drap blanc couuert de chappeaux de fleurs. Il demande que c'eſt. Quelqu'vn de la ville luy reſpond que c'eſtoit vn enterrement. Luy trop curieux s'auance iuſques aux premiers du conuoy, & importunément preſſe de luy dire de qui c'eſt. O mortelle reſponſe! L'Amour ainſi vengeur de l'ingrate inconſtance veut faire eſpreuuet à ſon ame, ce que par ſon deſdaigneux oubly il a fait ſouffrir au corps de ſa maiſtreſſe, les traits de la mort. Cet ignorant qu'il preſſoit luy reſpond que c'eſt le corps de Madamoiſelle de Tournon. A ce mot il ſe paſme & tombe de cheual. Il le faut emporter en vn lo-

gis comme mort; voulant plus iuftement en cette extrémité luy rendre l'vnion en la mort que trop
tard en la vie il luy auoit accordée.
Son ame, que ie crois, allant dans le
tombeau requerir pardon à celle
que fon defdaigneux oubly y auoit
mife, le laiffa quelque temps fans
aucune apparence de vie; & eftant
reuenu l'anima de nouueau pour
luy faire efprouuer la mort qui vne
feule fois n'euft affez puny fon ingratitude. Ce trifte office eftant
acheué, me voyant en vne compagnie eftrangere ie ne voulois l'en-
nuyer de la trifteffe que ie reffentois de la perte d'vne fi honnefte
fille, & eftant conuiée ou par l'E-
uefque (dit fa Grace) ou par fes
Chanoines d'aller en feftin en di-
uerfes maifons & diuers iardins,

comme il y en a dans la ville & dehors de tres-beaux , i'y allay tous les iours, accompagnée de l'Euesque , Dames, & Seigneurs estrangers, comme i'ay dit, lesquels venoiét tous les matins en ma chambre pour m'accompagner au iardin où i'allois pour prendre mon eau; car il faut la prendre en se promenant. Et bien que le Medecin qui me l'auoit ordonnée estoit mon frere, elle ne laissa toutesfois de me faire bien , ayant depuis demeuré six ou sept ans sans me sentir de l'eresipele de mon bras. Partant de là nous passions la iournée ensemble , allans disner à quelque festin, où aprez le bal nous allions à Vespres en quelque religion; & l'apressoupper se passoit de mesmes au bal , ou dessus l'eau auec la musi-

que. Six semaines s'escoulerent de
la façon, qui est le temps ordinaire
que l'on a accoustumé de prendre
des eaux, & qui estoit ordonné à
Madame la Princesse de la Roche-
sur-Yon. Voulant partir pour retourner en France Madame d'Aurec arriua, qui s'en alloit retrouuer
son mary en Lorraine, qui nous dit
l'estrange changement qui estoit
arriué à Namur & en tout ce païs
là depuis mon passage; Que le iour
mesme que ie partis de Namur,
Dom Iean sortant de son batteau
& montant à cheual, prenant pretexte de vouloir aller à la chasse,
passa deuant la porte du chasteau
de Namur, lequel il ne tenoit encore, & feignant par occasion, s'e-
stant trouué deuant la porte, de
vouloir entrer pour le voir, s'en
                                eftoit

estoit saisi, & en auoit tiré le Capitaine que les Estats y tenoient, contre la conuention qu'il auoit auec
les Estats ; & outre ce s'estoit saisi
du Duc d'Arscot , de Monsieur
d'Aurec, & d'elle ; Que toutesfois
aprez plusieurs remonstrances &
prieres il auoit laissé aller son beau
frere & son mary , la retenant elle
iusques alors pour luy seruir d'ostage de leurs deportemens; Que tout
le païs estoit en feu & en armes. Il
y auoit trois partis; celuy des Estats,
qui estoient les Catholiques de
Flandre ; celuy du Prince d'Orange & des Huguenots, qui n'estoiét
qu'vn; & celuy d'Espagne, où commandoit Don Iean. Me voyant
tellement embarquée qu'il falloit
que ie passasse entre les mains des
vns & des autres , & mon frere

P

m'ayant enuoyé vn Gentil-homme nommé Lefcar, par lequel il
m'efcriuoit; Que depuis mon partement de la Cour Dieu luy auoit
fait la grace de fi bien feruir le Roy
en fa charge de l'armée qui luy a-
uoit efté commife, qu'il auoit pris
toutes les villes qu'il luy auoit commandé d'attaquer, & chaffé tous
les Huguenots de toutes les Prouinces pour lefquelles fon armée
eftoit deftinée; Qu'il eftoit reuenu
à la Cour à Poitiers, où le Roy
eftoit pendant le fiege de Broüage,
pour eftre plus prez pour fecourir
Monfieur de Mayenne de ce qui
luy feroit neceffaire; Que comme
la Cour eft vn Prothée qui change
de forme à toute heure, y arriuant
toufiours des nouuelletez, il l'auoit
trouuée toute changée; Que l'on

n'y auoit fait non plus d'eftat de
luy que s'il n'euft rien fait pour le
feruice du Roy ; Que Buffi , à qui
le Roy faifoit bonne chere auant
que partir , & qui auoit feruy le
Roy en cette guerre de fa perfonne & de fes amis, iufques à y auoir
perdu fon frere à l'affaut d'Iffoire,
eftoit auffi desfauorifé & perfecuté
de l'enuie qu'il auoit efté du temps
dedu Guaft ; Que l'on leur faifoit
tous les iours à l'vn & à l'autre des
indignitez ; Que les mignons qui
eftoient auprez du Roy auoient
fait prattiquer quatre ou cinq des
plus honneftes hommes qu'il eut,
qui eftoient Maugiron, la Valette,
Mauleon, Liuarrot , & quelques
autres, pour quitter fon feruice &
fe mettre à celuy du Roy ; Que le
Roy fe repentoit fort de m'auoir

permis de faire ce voyage de Flandre, & que l'on taſchoit à mon retour, en haine de luy, de me faire
prendre, ou par les Eſpagnols, les
ayant aduertis de ce que ie traittois
en Flandre pour luy, ou par les Huguenots, pour ſe venger du mal
qu'ils auoient receu de luy, leur
ayant fait la guerre aprez l'auoir aſ-
ſiſté. Tout ce que deſſus conſide-
ré ne me donnoit peu à penſer,
voyant que non ſeulement il falloit que ie paſſaſſe ou entre les vns
ou entre les autres, mais que meſme les principaux de ma compagnie eſtoient affectionnez ou aux
Eſpagnols ou aux Huguenots,
Monſieur le Cardinal de Lenoncourt ayant autresfois eſté ſoup-
çóné de fauoriſer le party des Huguenots, & Monſieur Deſcarts,

duquel Monfieur l'Euefque de Li-
fieux eftoit frere , ayant auffi efté
quelquesfois fufpect d'auoir le
cœur Efpagnol. En ces doutes
pleins de contrarietez ie ne m'en
pús communiquer qu'à Madame
la Princeffe de la Roche-fur-Yon
& à Madame de Tournon, qui co-
gnoiffans le danger où nous eftiós,
& voyants qu'il nous falloit cinq
ou fix iournées iufques à la Fere,
paffant toufiours à la mifericorde
des vns ou des autres, me refpon-
dent la larme à l'œil que Dieu feul
nous pouuoit fauuer de ce danger;
Que ie me recommandaffe bien à
luy , & puis que ie feiffe ce qu'il
m'infpireroit ; Que pour elles, encore que l'vne fuft malade & l'autre vieille, ie ne faigniffe à faire de
longues traittes , & qu'elles s'ac-
P iij

commoderoient à tout pour me
tirer de ce hazard.   I'en parlay à
l'Euesque du Liege, qui me seruit
certes de pere ,   & me bailla son
grand Maiſtre auec ſes cheuaux
pour me conduire ſi loing que ie
voudrois. Et comme il nous eſtoit
neceſſaire d'auoir vn paſſeport du
Prince d'Orange , i'y enuoyay
Montdoucet, qui luy eſtoit conſi-
dent, & reſſentoit vn peu de cette
religion. Il ne reuint point. Ie l'at-
tends deux ou trois iours, & crois
que ſi ie l'euſſe attendu i'y fuſſe encores. Eſtant touſiours conſeillée
de Monſieur le Cardinal de Lenoncourt & du Cheualier Saluiati
mon premier Eſcuyer, qui eſtoient
d'vne meſme caballe , de ne partir
point ſans auoir paſſeport , &
voyant qu'on me dreſſoit quelque

autre chofe de bien contraire, ie
me refolus de partir le lendemain
matin. Eux voyants que fur ce pretexte on ne me pouuoit plus arre-
fter, le Cheualier Saluiati intelligét
auec mon Treforier, qui eftoit auffi
couuertement Huguenot, luy fait
dire qu'il n'auoit point d'argent
pour payer les hoftes, (chofe qui
eftoit entierement fauffe; car eftant
arriuée à la Fere ie voulus voir le
compte , & fe trouua de l'argent
que l'on auoit pris pour faire le voyage de refte encore pour faire aller ma maifon plus de fix femai-
nes) & fait que l'on retint mes cheuaux , me faifant auec le danger cet
affront public. Madame la Princeffe de la Roche-fur-Yon ne pouuant fupporter cette indignité , &
voyant le hazard où l'on me met-

toit, preste l'argent qui estoit necessaire ; & eux demeurants confus
ie passe , aprez auoir fait present à
Monsieur l'Euesque d'vn diamant
de trois mille escus , & à ses seruiteurs de chaisnes d'or ou de bagues,
& vins à Huy, n'ayant pour passe-
port que l'esperance que i'auois en
Dieu. Cette ville estoit , comme
i'ay dit , des terres de l'Euesque du
Liege, mais toutesfois tumultueu-
se & mutine, (comme tous ces peu-
ples-là se sentoient de la reuolte
generale des Païs-bas ) & ne re-
cognoissoit plus son Euesque , à
cause qu'il venoit entre luy, & elle tenoit le party des Estats. De
sorte que sans recognoistre le grád
Maistre de l'Euesque du Liege,
qui estoit auec nous, ayants l'allarme que Dom Iean s'estoit saisi du

chafteau de Namur fur mon paffage, foudain que nous fufmes logez ils fonnent le tocfin, & traif-
nent l'artillerie par les ruës, & les
barriques contre mon logis, tendans les chaifnes, à fin que nous ne
nous puiffions ioindre enfemble,
& nous tindrent toute la nuict en
ces alteres fans auoir moyen de parler à aucuns d'eux, eftant tout petit
peuple, gents brutaux & fans raifon. Le matin ils nous laifferent
fortir, ayants bordé toute la ruë de
gens armez. Nous allafmes de là
coucher à Dinan, où par malheur
ils auoient fait ce iour mefme les
Bourgmaiftres, qui font comme
Confuls en Gafcogne & en France. Tout y eftoit ce iour là en def-
bauche ; tout le monde yure ; point
de Magiftrats cognus ; bref vn

vray cahos de confufion. Et pour
empirer dauantage noftre condition, le grand Maiftre de l'Euefque
du Liege leur auoit fait autresfois
la guerre, & eftoit tenu d'eux pour
mortel ennemy. Cette ville, quand
ils font en leur fens raffis, tenoit
pour les Eftats ; mais Bacchus y
dominant ils ne tenoient pas pour
eux-mefmes, & né recognoiffoient
perfonne.    Soudain qu'ils nous
voyent approcher les faux-bourgs
auec vne trouppe grande comme
eftoit la mienne, les voila allarmez.
Ils quittent les verres pour courir
aux armes, & tout en tumulte au
lieu de nous ouurir ils ferment la
barriere. I'auois enuoyé deuant vn
Gentil-homme auec les Fourriers
& Marefchal des logis pour les
prier de nous donner paffage, mais

ie les trouuay tous arreſtez là qui crioient ſans eſtre entendus. En fin ie me leue debout dans la littiere & oſtant mon maſque, ie fais ſigne au plus apparent que ie veux parler à luy; Et eſtant venu à moy, ie le priay de faire faire ſilence, à fin que ie pûſſe eſtre entenduë. Ce qu'eſtant fait auec toute peine, ie leur repreſentay qui i'eſtois, & l'occaſion de mon voyage; Que tant s'en faut que ie leur vouluſſe apporter du mal par ma venuë, que ie ne voudrois pas ſeulement leur en donner le ſoupçon; Que ie les priois de me laiſſer entrer moy & mes femmes & ſi peu de gés qu'ils voudroient pour cette nuit, & que le reſte ils le laiſſaſſent dans le faux-bourg. Ils ſe contentent de cette propoſition, & me l'accordent.

Ainfi i’entray dans leur ville auec
les plus apparents de ma trouppe,
du nombre defquels fuft le grand
Maiftre de l’Euefque du Liege;
qui par malheur fuft recognu comme i’entrois en mon logis accompagnée de tout ce peuple yure &
armé. Lors ils commencent à luy
crier iniures , & à vouloir charger
ce bon homme, qui eftoit vn vieil-
lard venerable de quatre - vingts
ans, ayant la barbe blanche iufques
à la ceinture. Ie le feis entrer dans
mon logis , où ces yurongnes faifoient pleuuoir les harquebufades
contre les murailles qui n’eftoient
que de terre. Voyant ce tumulte
ie demanday fi l’hofte de la maifon
n’eftoit point là dedans. Il fe trouue de bonne fortune. Ie le prie
qu’il fe mette à la feneftre, & qu’il

me faſſe parler aux plus apparents;
ce qu'à toute peine il veut faire. En
fin ayant aſſez crié par les feneſtres
les Bourgmaiſtres viennent parler
à moy, ſi ſaouls qu'ils ne ſçauoient
ce qu'ils diſoient. En fin leur aſſeu-
rant que ie n'auois point ſceu que
ce grand Maiſtre leur fuſt ennemy,
leur remonſtrant de quelle importance il leur eſtoit d'offenſer vne
perſonne de ma qualité, qui eſtoit
amie de tous les principaux Seigneurs des Eſtats, & que ie m'aſſeurois que Monſieur le Comte de
Lalain & tous les autres chefs trou-
ueroiét fort mauuaiſe la reception
qu'ils m'auoiét faitte; oyans nom-
mer Monſieur de Lalain ils chan-
gerent tous, & luy porterent tous
plus de reſpect qu'à tous les Rois à
qui i'appartenois. Le plus vieil

d'entr'eux me demande en fe fouf-
riant & begayant fi i'eftois donc
amie de Monfieur le Comte de
Lalain ; & moy voyant que fa pa-
renté me feruoit plus que celle de
tous les Potentats de la Chreftien-
té, ie luy refpondis ; Ouy, ie fuis
fon amie & fa parente auffi. Lors
ils me font la reuerence & me bail-
lent la main , & m'offrent autant
de courtoifie comme ils m'auoient
fait d'infolence , me priants de les
excufer , & me promettants qu'ils
ne demanderoient rien à ce bon
homme le grand Maiftre, & qu'ils
le laifferoient fortir auec moy. Le
matin venu comme ie voulois aller à la Meffe , l'Agent que le Roy
tenoit auprez de Dom Iean , nommé du Bois , lequel eftoit fort Efpagnol , arriue , me difant qu'il

auoit des lettres du Roy pour me
venir trouuer & me conduire seurement à mon retour ; Qu'à cette
fin il auoit prié Dom Iean de luy
bailler Barlemont auec trouppe de
cauallerie, pour me faire escorte &
me mener seurement à Namur, &
qu'il falloit que ie priasse ceux de la
ville de laisser entrer Monsieur de
Barlemont, qui estoit Seigneur du
païs, & sa trouppe, à fin qu'il me
pûst conduire. Ce qu'ils faisoient
à double fin ; l'vne, pour se saisir de
la ville ; & l'autre, pour me faire
tomber entre les mains des Espa-
gnols. Ie me trouuay lors en fort
grand' peine, & le communiquant
à Monsieur le Cardinal de Lenoncourt , qui n'auoit pas enuie de
tomber entre les mains de l'Espagnol non plus que moy, nous ad-

uifafmes qu'il falloit fçauoir de
ceux de la ville s'il y auoit quelque
chemin par lequel ie peuffe euiter
cette trouppe de Monfieur de Barlemont ; & baillant ce petit Agent,
nommé du Bois ; à amufer à Monfieur de Lenoncourt , ie paffe en
vne autre chambre, où ie fais venir
ceux de la ville, & leur fais cognoiftre que s'ils laiffoient entrer la
trouppe de Monfieur de Barlemót
ils eftoient perdus , parce qu'ils fe
faifiroient de la ville pour Dom
Iean ; Que ie les confeillois de s'ar-
mer, & fe tenir prefts à leur porte,
monftrants contenance de gens
aduertis, & qui ne fe veulent laiffer
furprendre ; Qu'ils laiffaffent entrer feulement Monfieur de Barlemont, & rien dauantage. Ils pri-
rent bien mes raifons & me creu-
rent

rent, m'offrants d'employer leurs
vies pour mon feruice, & me bail-
lants vn guide pour me mener par
vn chemin auquel ie mettrois la riuiere entre les trouppes de Dom
Iean & moy, & les laifferois fi loing
qu'ils ne me pourroient plus atteindre, allant toufiours par maifons ou villes tenants le party des
Eftats. Ayant pris cette refolution
auec eux, ie les enuoye faire entrer
Monfieur de Barlemont tout feul,
lequel eftant entré leur veut perfuader de laiffer entrer fa trouppe.
Mais voyants cela, ils fe mutinent
de forte que peu s'en falluft qu'ils
ne le maffacraffent, luy difant que
s'il ne la faifoit retirer hors de la
veuë de leur ville qu'ils y feroient
tirer l'artillerie. Ce qu'ils faifoient
à fin de me donner temps de paffer

Q

l’eau auant que cette trouppe me pûft atteindre. Monfieur de Barlemont eftant entré, luy & l’Agent du Bois font ce qu’ils peuuét pour me perfuader d’aller à Namur où Dom Iean m’attendoit. Ie monftre de vouloir faire ce qu’on me confeilloit, & aprez auoir ouy la Meffe & fait vn difné court , ie fors de mon logis accompagnée de deux ou trois cens de la ville en armes, & parlant toufiours à Monfieur de Barlemont & à l’Agent du Bois, ie prens mon chemin droit à la porte de la riuiere, qui eftoit au contraire du chemin de Namur, fur lequel eftoit la trouppe de Monfieur de Barlemont. Eux s’en aduifans me dirent que ie n’allois pas bien, & moy les menant toufiours de parolles arriuay à la porte de la vil-

le , de laquelle  sortant accompagnée d'vne bonne partie de ceux de
la ville , ie double le pas vers la riuiere & monte dans le batteau, y
faisant  promptement  entrer tous
les miens, Monsieur de Barlemont
& l'Agent du Bois me criants tousiours du bord de l'eau que ie ne faisois pas bien ; que ce n'estoit point
l'intention du Roy ,  qui vouloit
que ie passasse par Namur.  Non-
obstant leurs crieries nous passons
promptement l'eau ,  & pendant
que l'on passoit à  deux ou trois
voyages nos littieres  & nos cheuaux, ceux de la ville , exprez pour
me donner temps ,  amusent par
mille crieries & mille plaintes Mô-
sieur de Barlemont & l'Agent du
Bois , les arraisonnans en leur pa-
tois sur le tort que Dom Iean auoit

d'auoir fauſſé ſa foy aux Eſtats &
rompu la paix , & ſur les vieilles
querelles de la mort du Comte
d'Aigmont, & le menaçant touſiours que ſi ſa trouppe paroiſſoit
auprez de la ville ils feroient tirer
l'artillerie. Ils me donnerent temps
de m'eſloigner en telle ſorte que ie
n'auois plus à craindre cette trouppe, guidée de Dieu & de l'homme
qu'ils m'auoient baillé. Ie logeay
ce ſoir-là en vn chaſteau fort, nommé Fleurines, qui eſtoit à vn Gentil-homme qui tenoit le party des
Eſtats, & lequel i'auois veu auec le
Comte de Lalain. Le malheur fut
tel que ledit Gentil-homme ne s'y
trouua point , & n'y auoit que ſa
femme. Et comme nous fuſmes
entrez dans la baſſecourt, la trouuant toute ouuerte, elle prit l'allar-

me & s'enfuit dans fon dongeon, leuant le pont , refoluë, quoy que nous luy pûffions dire, de ne nous point laiffer entrer. Cependant trois cens Gentils - hommes que Dom Iean auoit enuoyez pour nous coupper chemin , & pour fe faifir dudit Chafteau de Fleurines, fçachants que i'y allois loger, paroiffent fur vn petit haut à mille pas de là , & eftimants que nous fuffions entrez dans le dongeon, ayans pû cognoiftre de là que nous eftions tous entrez dans la court, feirent alte , & fe logerent là auprez, efperants de m'attrapper le lendemain matin. Comme nous eftions en ces alteres, pour ne nous voir que dedans la court, qui n'é- ftoit fermée que d'vne mefchante muraille, & d'vne mefchante porte qui euft efté bien aifée à forcer, difputants toufiours auec la Dame du Chafteau inexorable à nos prieres, Dieu nous feit cette grace que fon mary Monfieur de Fleurines y arriua à nuit fermante ; lequel foudain nous feit entrer dans fon chafteau, fe courrouçant fort à fa femme de l'indifcrette inciuilité qu'elle auoit monftrée. Ledit fieur de Fleurines nous venoit trouuer de la part du Comte de Lalain pour me faire feurement paffer par les villes des Eftats, ne pouuant quitter l'armée des Eftats de laquelle il eftoit chef pour me venir accompagner. Cette bonne rencontre fuft fi heureufe, que le maiftre de la maifon s'offrant de m'accompagner iufques en France , nous ne paffafmes plus par aucunes villes

où ie ne fuſſe honorablement &
paiſiblement receuë , pource que
c'eſtoit païs des Eſtats ; y receuant
ce ſeul deſplaiſir que ie ne pouuois
repaſſer à Monts comme i'auois
promis à la Comteſſe de Lalain, &
n'en approchois pas plus prez que
de Niuelles, qui eſtoit à ſept grandes lieuës de là ; qui fuſt cauſe , la
guerre eſtant ſi forte comme elle
eſtoit , que nous ne nous pûſmes
voir elle & moy , ny auſſi peu Mô-
ſieur le Comte de Lalain, qui eſtoit,
cóme i'ay dit , en l'armée des Eſtats
vers Anuers. Ie luy eſcriuis ſeulement de là par vn homme de ce
Gentil-homme qui me condui-
ſoit. Elle ſoudain me ſçachant là
m'enuoye des Gentils-hommes
plus apparents qui fuſſent demeu-
rez-là pour me conduire iuſques à

la frontiere de France ( car i'auois
à paſſer tout le Cambreſis , qui
eſtoit my-party pour l'Eſpagnol &
pour les Eſtats ) auec leſquels i'allay loger au Chaſteau Cambreſis;
d'où eux s'en retournants , ie luy
enuoyay pour ſe ſouuenir de moy
vne robbe des miennes que ie luy
auois ouy fort eſtimer quand ie la
portois à Monts, qui eſtoit de ſatin
noir toute couuerte de broderie de
canon , qui auoit couſté huict ou
neuf cens eſcus.  Arriuant au Chaſteau Cambreſis i'eus aduis que
quelques trouppes Huguenotes
auoient deſſein de m'attaquer entre la frontiere de Flandre & de
France.  Ce que n'ayant communiqué qu'à peu de perſonnes , vne
heure auant le iour ie fus preſte.
Enuoyant querir nos littieres &

cheuaux pour partir , le Cheualier
Saluiati faifoit le long,comme il a-
uoit fait au Liege.Ce que cognoiffant qu’il faifoit à deffein , ie laiffe
ma littiere, & montant à cheual,
ceux qui furent les premiers prefts
me fuiuirent; de forte que ie fus au
Caftelet à dix heures du matin,
ayant par la grace de Dieu efchap-
pé toutes les embufches & aguets
de mes ennemis. De là allant chez
moy à la Fere, pour y feiourner iufques à tant que ie fçaurois la paix
eftre faite, i’y trouuay arriué deuãt
moy vn courrier de mon frere, qui
auoit charge de m’attendre pour
foudain que ie ferois arriuée retourner en pofte & l’en aduertir. Il
efcriuit par luy que la paix eftoit
faite,& que le Roy s’en retournoit
à Paris; Que pour luy fa condition

alloit tousiours en empirant , n'y
ayant sorte de desfaueurs & d'indignitez que l'on ne feit tous les
iours esprouuer & à luy & aux siés,
& que ce n'estoit tous les iours que
quelques querelles nouuelles que
l'on suscitoit à Bussi & aux honnestes gens qui estoient auec luy.  Ce
qui luy faisoit attendre auec extréme impatience mon retour à la Fere pour m'y venir trouuer. Ie luy
redepeschay soudain son homme,
par lequel aduerty de mon retour
il enuoya soudain Bussi auec toute
sa maison à Angers, & prenant seulement quinze ou vingt hommes
des siens, s'en vint en poste me
trouuer chez moy à la Fere , qui
fust vn des grands contentements
que i'aye iamais receu, de voir personne chez moy que i'aimois &

honorois tant, où ie me mis en peine de luy donner tous les plaifirs
que ie penfois luy rendre ce feiour
agreable. Ce qui eftoit fi bien receu de luy, qu’il euft volontiers dit
comme fainct Pierre, faifons icy
nos tabernacles, fi le courage tout
royal qu’il auoit & la generofité
de fon ame ne l’euffent appellé à
chofes plus grandes. La tranquilité de noftre Cour au prix de l’autre
d’où il partoit luy rendoit tous les
plaifirs qu’il y receuoit fi doux,
qu’à toute heure il ne pouuoit
s’empefcher de dite ; O ma Reine,
qu’il fait bon auec vous ! Mon
Dieu, cette compagnie eft vn para-
dis comblé de toutes fortes de de-
lices, & celle d’où ie fuis party vn
enfer remply de toutes fortes de
furies & tourments. Nous paffaf-

mes prez de deux mois, qui ne nous
furent que deux petits iours, en cet
heureux eſtat , durant lequel luy
ayant rendu compte de ce que i'a-
uois fait pour luy en mon voyage
de Flandre, & des termes où i'auois
mis ſes affaires , il trouue fort bon
que Monſieur le Comte de Montigny frere du Comte de Lalain
vinſt reſoudre auec luy des moyens
qu'il y falloit tenir , & pour prendre auſſi aſſeurance de leur volonté
& eux de la ſienne.  Il y vint accompagné de quatre ou cinq des
plus principaux de Hainaut ; l'vn
deſquels auoit lettre & charge de
Monſieur d'Ainſi d'offrir ſon ſeruice à mon frere, & l'aſſeurer de la
citadelle de Cambray.  Monſieur
de Montigny luy portoit parolle
de la part de ſon frere le Comte de

Lalain de luy remettre entre fes mains tout le Hainaut & l'Artois, où il y a plufieurs bonnes villes. Ces offres tres-affeurées reccuës de mon frere, il les renuoya auec prefens de medailles d'or, où la figure de luy & de moy eftoit,& affeurant les accroiffements & bien-faits qu'ils pouuoient efperer de luy. De forte que s'en retournants ils preparerent toutes chofes pour la venuë de mon frere; qui fe deliberant d'auoir fes forces preftes dans peu de temps pour y aller, s'en retourne à la Cour pour tafcher de tirer des cómoditez du Roy pour fournir à cette entreprife. Moy voulant faire mon voyage de Gafcogne, & ayant preparé toutes chofes pour cet effet, ie m'en retournay à Paris, où arriuāt mon frere me vint trou-

uer à vne iournée de Paris , où le
Roy, & la Roine ma mere , & la
Roine Louïſe auec toute la Cour
me firent cet honneur de venir au
deuant de moy iuſques à ſainᢵt De-
nis, qui eſtoit ma diſnée, où ils me
receurent auec beaucoup d'honneur & de bonne chere, ſe plaiſans
à me faire racompter les honneurs
& magnificences de mon voyage
& ſeiour du Liege,& les auantures
de mon retour.  En ces agreables
entretiens, eſtants tous dans le chariot de la Roine ma mere, nous arriuaſmes à Paris , où aprez auoir
ſouppé & le bal eſtant finy, le Roy
& la Roine ma mere eſtans enſemble ie m'approche d'eux,& leur dis
que ie les ſuppliois ne trouuer mauuais ſi ie les requerois auoir agreable que i'allaſſe trouuer le Roy

mon mary ; Que la paix eſtant faite
c'eſtoit choſe qui ne leur pouuoit
eſtre ſuſpecte , & qu'il me ſeroit
preiudiciable & mal ſeant ſi ie demeurois dauantage à y aller.   Ils
monſtrent tous deux de le trouuer
treſbon, & de loüer la volonté que
i'en auois.   Et la Roine ma mere
me dit qu'elle vouloit m'y accompagner , eſtant auſſi ſon voyage
neceſſaire en ce païs-là pour le ſeruice du Roy ; auquel elle dit auſſi
qu'il falloit qu'il me baillaſt des
moyens pour mon voyage ; Ce
que le Roy librement m'accorda.
Et moy ne voulant rien laiſſer en
arriere qui me pûſt faire reuenir à
la Cour, ne m'y pouuant plus plaire lors que mon frere en ſeroit dehors , que ie voyois ſe preparer
pour s'en aller bien toſt en ſon en-

treprife de Flandre , ie fuppliay la
Roine ma mere de fe fouuenir de
ce qu'elle m'auoit promis à la paix
auec mon frere , qu'aduenant que
ie partiffe pour m'en aller en Gafcogne elle me feroit bailler des terres pour l'affignat de mon dot. Elle
s'en reffouuint,& le Roy le trouue
tres - raifonnable , & me promet
qu'il feroit fait. Ie le fupplie que ce
foit promptement, pource que ie
defirois partir s'il luy plaifoit pour
le commencement du mois pro-
chain. Ce qui fuft ainfi arrefté;
mais à la façon de la Cour. Car au
lieu de me defpefcher , bien que
tous les iours ie les en follicitaffe,
ils me feirent traifner cinq ou fix
mois, & mon frere de mefme, qui
preffoit auffi fon voyage de Flandre, reprefentant au Roy que c'e-
ftoit

ftoit l'honneur & l'accroiffement
de la France ; Que ce feroit vne inuention pour empefcher la guerre
ciuile, tous les efprits remuants &
defireux de nouueauté ayants le
moyen d'aller en Flandre paffer
leur fumée, & fe faouler de la guerre ; Que cette entreprife feruiroit
auffi comme le Piedmont d'efcho-
le à la Nobleffe de France pour s'e-
xercer aux armes, & y faire reuiure
des Montlucs & Briffacs, des Termes & des Bellegardes, tels que ces
grands Marefchaux , qui s'eftants
façonnez aux guerres de Piedmót,
auoient depuis fi glorieufement &
heurefement feruy le Roy & leur
patrie. Ces remonftrances eftoient
belles & veritables ; mais elles n'a-
uoient tant de poids qu'elles peuffent emporter en la balance l'enuie

R

que l'on portoit à l'accroissement
de la fortune de mon frere, auquel
l'on donna tous les iours de nouueaux empeschements pour le re-
tarder d'assembler ses forces, & les
moyens qui luy estoient necessai-
res pour aller en Flandre ; luy faisant cependant à luy, à Bussi, & à
ses autres seruiteurs mille indignitez , & faisant attaquer plusieurs
querelles à Bussi , tantost par Quelus, tátost par Grammont, de iour,
de nuict , & à toutes heures, estimans qu'à quelques vnes de ces al-
larmes mon frere se precipiteroit.
Ce qui se faisoit sans le sceu du
Roy ; mais Maugiron qui le possedoit lors, & qui ayant quitté le seruice de mon frere, croyoit qu'il
s'en deut ressentir, ( ainsi qu'il est
ordinaire que qui offense ne par-

donne iamais) haïffoit mon frere
d'vne telle haine, qu'il coniuroit
fa ruine en toutes façons, le brauát
& mefprifant fans refpect, comme
l'imprudence d'vne telle ieuneffe
enflée de la faueur du Roy le pouffoit à faire toutes infolences, s'e-
ftant ligué auec Quelus, fainct Luc,
fainct Maigrin, Grammont, Mauleon, Liuarrot, & quelques autres
ieunes gens que le Roy fauorifoit,
qui fuiuis de toute la Cour, à la façon des Courtifans qui ne fuiuent
que la faueur, entreprenoient toutes les chofes qui leur venoient en
fantaifie, quelles qu'elles fuffent.
De forte qu'il ne fe paffoit iour
qu'il n'y eut nouuelle querelle entr'eux & Buffi, de qui le courage ne
pouuoit ceder à nul. Mon frere
confiderant que ces chofes n'e-

ſtoient pas pour aduancer ſon voyage de Flandre , deſirant pluſtoſt
adoucir le Roy que l’aigrir , pour
l’auoir fauorable en ſon entrepriſe,
& eſtimant auſſi que Buſſi eſtant
dehors aduanceroit dauantage de
dreſſer les trouppes neceſſaires
pour ſon armée , il l’enuoye par ſes
terres pour y donner ordre. Mais
Buſſi eſtant party, la perſecution de
mon frere ne ceſſa pour cela ; &
cognuſt-on alors qu’encor que les
belles qualitez qu’il auoit appor-
taſſét beaucoup de ialouſie à Maugiron & à ces autres ieunes gens
qui eſtoient prez du Roy , la principale cauſe de leur haine contre
Buſſi, eſtoit qu’il eſtoit ſeruiteur de
mon frere. Car depuis qu’il fut
party ils brauét & morguent mon
frere auec tant de meſpris & ſi ap-

paremment que tout le monde le
cognoiſſoit , encor que mon frere
fuſt fort prudent & tres-patient de
ſon naturel , & qu'il euſt reſolu de
ſouffrir toutes choſes pour faire ſes
affaires en ſon entrepriſe de Flandre, eſperant par ce moyen en ſortir bien toſt, & ne s'y rendre iamais
plus ſuiet.  Cette perſecution & ces
indignitez luy furent toutesfois
fort ennuyeuſes & honteuſes;meſ-
mes voyát qu'en haine de luy l'on
taſchoit de nuire en toutes façons
à ſes ſeruiteurs , ayants depuis peu
de iours fait perdre vn grand procez à Monſieur de la Chaſtre,pour
ce que depuis peu il s'eſtoit rendu
ſeruiteur de mon frere, le Roy s'e-
ſtant tellement laiſſé emporter aux
perſuaſions de Maugiron & de
ſainct Luc , qui eſtoient amis de

Madame de Senetaire , qu’il auoit
luy-mefme efté, folliciter ce procez
pour elle contre Monfieur de la
Chaftre qui eftoit lors auprez de
mon frere, qui s’en fentant offen-
fé, comme l’on peut penfer, faifoit
participer mon frere à fa iufte douleur.  En ces iours là le mariage de
fainct Luc fe feit, auquel mon frere ne voulant affifter, il me pria auffi d’en faire de mefme; & la Roine
ma mere qui ne fe plaifoit guere à
la defbordée outrecuidance de ces
ieunes gens , craignant auffi que
tout ce iour feroit en ioye & en def-
bauche, & que mon frere n’ayant
youlu eftre de la partie l’on luy en
dreffaft quelqu’vne qui luy fuft
preiudiciable, feit trouuer bon au
Roy qu’elle allaft le iour des nopces difner à fainct Maur, & nous y

mena mon frere & moy. C'eſtoit le Lundy gras. Nous reuinſmes le ſoir, la Roine ma mere ayant tellement preſché mon frere qu'elle le fit conſentir de paroiſtre & ſe trouuer au bal pour complaire au Roy. Mais au lieu que cela amendaſt ſes affaires, elles s'en empirerent. Car y eſtant Maugiron & autres de ſa caballe , ils commencerent à le gauſſer auec des parolles ſi picquantes qu'vn moindre que luy s'en fuſt offenſé ; luy diſants qu'il auoit bien perdu ſa peine de s'eſtre r'habillé ; que l'on ne l'auoit point trouué à dire l'apreſdiſnée ; qu'il eſtoit venu à l'heure des tenebres, parce qu'elles luy eſtoient propres; & l'attaquants de ſa laideur & petite taille. Tout cela ſe diſoit à la nouuelle mariée qui eſtoit auprez

R iiij

de luy, & fi haut qu'il fe pouuoit
entendre. Mon frere cognoiffant
que cela fe faifoit exprez pour le
faire refpondre, & le broüiller par
ce moyen auec le Roy, s'ofte de là,
fi plein de defpit & de cholere qu'il
n'en pouuoit plus; & aprez en a-
uoir conferé auec Monfieur de la
Chaftre fe refoluft de s'é aller pour
quelques iours à la chaffe, penfant
par fon abfence attiedir l'animofité
de ces ieunes gens contre luy, & en
faire plus aifément fes affaires auec
le Roy pour la preparation de l'armée qui luy eftoit neceffaire pour
aller en Flandre. Il s'en va trouuer
la Roine ma mere au bal, de quoy
elle fuft tres-marrie, & luy fait entendre la refolution que là deffus il
auoit prife, qu'elle trouue tres-
bonne, & luy promet de la faire

agréer au Roy , & en fon abfence
de le folliciter de luy fournir promptement ce qu'il luy auoit promis
pour fon entreprife de Flandre; &
Monfieur de Villequier eftant là,
elle luy commande d'aller faire entendre au Roy le defir que mon
frere auoit d'aller pour quelques
iours à la chaffe, ce qui luy fembloit
qu'il ne feroit que bon , pour ap-
paifer toutes les broüilleries qui
eftoiét entre luy & ces ieunes gens,
Maugiron, fainct Luc, Quelus, &
les autres. Mon frere fe retirant en
fa chambre, tenant fon congé pour
obtint, commande à tous fes gens
d'eftre le lendemain prefts pour aller à la chaffe à fainct Germain , où
il vouloit demeurer quelques iours
à courre le cerf, ordonne à fon grád
Veneur d'y faire trouuer les chiens,

& fe couche en cette intention de
fe leuer le lendemain matin pour
aller à la chaffe foulager ou diuertir vn peu fon efprit des broüilleries de la Cour.  Monfieur de Villequier cependant eftoit allé par le
commandement de la  Roine ma
mere demander fon congé au Roy,
qui d'abord l'accorda.  Mais eftant
demeuré feul en fon cabinet auec
le confeil de  Ieroboam de cinq à
fix ieunes hommes, ils luy rendent
ce partement fort fufpect , & le
mettét en telle apprehenfion qu'ils
luy font faire vne des plus grandes
folies qui fe foit faitte de noftre
temps , qui fuft de prendre mon
frere & tous fes principaux feruiteurs prifonniers. S'il fuft impru-
demment deliberé , il fuft encor
plus indifcretement executé.  Car

le Roy foudain prenant la parolle,
de nuit s'en alla trouuer la Roine
ma mere tout efmeu comme en
vne allarme publique, ou que l'ennemy euft efté à la porte , luy difant ; Comment , Madame , que
penfez-vous m'auoir demandé de
laiffer aller mon frere ? Ne voyez
vous pas s'il s'en va le danger où
vous mettez mon Eftat? Sans doute fous cette chaffe il y a quelque
dangereufe entreprife. Ie m'en vais
me faifir de luy & de tous fes gens,
& feray chercher dans fes coffres.
Ie m'affeure que nous defcouuri-
rons de grandes chofes.  Et à mefme temps , ayant auec luy le fieur
de Coffé Capitaine des gardes &
quelques archers Efcoffois.......
La Roine ma mere craignát qu'en
cette precipitation il feit quelque

tort à la vie de mon frere , le prie
qu'elle aille auec luy, & toute def-
habillée comme elle eftoit , s'accommodant comme elle pûft auec
fon manteau de nuit, le fuit montant à la chambre de mon frere, où
le Roy frappe rudement , criant
que l'on luy ouurift , que c'eftoit
luy.  Mon frere fe refueille en fur-
faut, & fçachant bien qu'il n'auoit
rien fait qui luy deuft dóner crainte, dit à Cangé fon valet de chambre qu'il luy ouurift la porte.  Le
Roy entrant en cette furie, commença à le gourmander, & luy dire qu'il ne cefferoit iamais d'entreprendre contre fon Eftat , & qu'il
luy apprendroit que c'eft de s'attaquer à fon Roy.  Sur cela il commanda à fes archers d'emporter fes
coffres hors de là, & de tirer fes va-

lets de chambre hors de la chambre. Il foüille luy-mesme le lit de mon frere pour voir s'il y trouueroit quelques papiers. Mon frere ayát vne lettre de Madame de Sauue qu'il auoit receuë ce soir là la prend à la main pour empescher qu'on ne la veid. Le Roy s'efforce de la luy oster. Luy y resistant, & le priant à mains iointes de ne la voir point, cela en dóne plus d'enuie au Roy, croyant que ce papier seroit assez suffisant pour faire le procez à mon frere. En fin l'ayant ouuerte en la presence de la Roine ma mere, ils resterent aussi confus que Caton, quand ayant contraint Cesar dans le Senat de monstrer le papier qui luy auoit esté apporté, disant que c'estoit chose qui importoit au bien de la Republique, il luy feit voir que c'eftoit vne lettre d'amour de la fœur du mefme Caton adreffante à Cefar. La honte de cette tromperie augmentant pluftoft par le dépit la cholere du Roy que la diminuant , fans vouloir efcouter mon frere, lequel demandoit fans ceffe de quoy on l'accufoit , & pourquoy l'on le traittoit ainfi , il le commet à la garde de Môfieur de Coffé & des Efcoffois , leur commandant de ne le laiffer parler à perfonne. Cela fe feit vne heure aprez minuit. Mon frere demeura en cette façon , eftant plus en peine de moy que de luy, croyant bien que l'on m'en auoit fait autant, & ne croyant pas qu'vn fi violent & fi iniufte commencement pûft auoir autre qu'vne finiftre fin. Et voyant que Monfieur

de Coſſé auoit la larme à l'œil de
regret de voir paſſer les choſes en
cette ſorte, & que toutesfois à cauſe des archers qui eſtoient là il ne
luy oſoit parler librement,il luy demande ſeulement ce qui eſtoit de
moy. Monſieur de Coſſé reſpond
que l'on ne m'auoit encor rien demandé.  Mon frere luy reſpond;
Cela ſoulage beaucoup ma peine
de ſçauoir ma ſœur libre. Mais encor qu'elle ſoit en cet eſtat, ie m'aſſeure qu'elle m'aime tant qu'elle
aimera mieux ſe captiuer auec moy
que de viure libre ſans moy. Et le
pria d'aller ſupplier la Roine ma
mere qu'elle obtint du Roy que ie
demeuraſſe en ſa captiuité auec luy;
ce qui luy fuſt accordé. Cette ferme croyance qu'il euſt de la grandeur & fermeté de mon amitié me

fuſt vne obligation ſi particuliere,
bien que par ſes bons offices il en
euſt acquis pluſieurs grandes ſur
moy, que i’ay touſiours miſe celle
là au premier rang. Soudain qu’il
euſt cette permiſſion, qui fut ſur le
point du iour, il pria Monſieur de
Coſſé de m’enuoyer vn archer Eſcoſſois, qui eſtoit là, pour m’an-
noncer cette triſte nouuelle, & me
faire venir en ſa chambre. Cet archer entrant en la mienne trouue
que ie dormois encore ſans auoir
rien ſceu de tout ce qui s’eſtoit paſſé. Il ouure mon rideau, & en langage propre aux Eſcoſſois me dit;
Bon iour, Madame, Monſieur voſtre frere vous prie de le venir voir.
Ie regarde cet hóme preſque toute
endormie, penſant reſuer, & le re-
cognoiſſant ie luy demande s’il
n’eſtoit

n'eſtoit pas vn Eſcoſſois de la garde. Il me dit qu'ouy ; & ie luy re-
pliquay ; Et qu'eſt-ce donc ? Mon
frere n'a-t'il point d'autre meſſager
que vous pour m'enuoyer ? Il me
dit que non , que ſes gens luy a-
uoient eſté oſtez , & me conta en
ſon langage ce qui luy eſtoit aduenu la nuit , & que mon frere auoit
obtenu permiſſion pour moy de
demeurer auec luy pendant ſa captiuité. Et voyant que ie m'affligeois
fort , il s'approcha de moy & me
dit tout bas; Ne vous faſchez point,
I'ay moyen de ſauuer Monſieur
voſtre frere, & le feray, n'en doutez
point ; mais il faudra que ie m'en
aille auec luy. Ie l'aſſeuray de toute la recompenſe qu'il pouuoit eſperer de nous , & me haſtant de
m'abiller ie m'en allay auec luy

toute seule à la chambre de mon
frere. Il me falloit trauerser toute
la court toute pleine de gens qui
auoiét accoustumé de courir pour
me voir & honorer. Lors chacun
voyát comme la fortune me tour-
noit visage, eux aussi ne firent pas
semblant de m'apperceuoir. Entrant en la chambre de mon frere
ie le trouue auec vne si grande con-
stance, qu'il n'auoit rien changé
de sa façon ny de sa tranquillité ordinaire. Me voyant, il me dit en
m'embrassant auec vn visage plus
ioyeux que triste; Ma Roine, cessez
ie vous prie vos larmes. En la condition que ie suis, vostre ennuy est
la seule chose qui me pourroit affli-
ger ; car mon innocence & la droi-
te intention que i'ay euë m'empes-
chent de craindre toutes les accusa-

tions de mes ennemis. Que si in-
iustement l'on veut faire tort à ma
vie, ceux qui feront cette cruauté
se feront plus de tort qu'à moy, qui
ay assez de courage & de resolution
pour mespriser vne iniuste mort.
Aussi n'est-ce ce que ie redoute le
plus, ma vie ayant esté iusques icy
accompagnée de tant de trauerses
& de peines, que ne sçachant que
c'est des felicitez de ce monde ie ne
dois auoir regret de les abandon-
ner. La seule apprehension que i'ay
est, que ne me pouuant faire iustement mourir, l'on me vueille faire
languir en la solitude d'vne longue
prison ; où encor ie mespriseray
leur tyrannie pourueu que vous
me vouliez tant obliger que de
m'assister de vostre presence. Ces
parolles au lieu d'arrester mes lar-

mes me penserent faire verser toute l'humeur de ma vie. Ie luy res-
ponds en sanglottant que ma vie
& ma fortune estoient attachées à
la sienne ; Qu'il n'estoit en la puis-
sance que de Dieu seul d'empescher que ie l'assistasse en quelque
condition qu'il púst estre ; Que si
on l'emmenoit de là, & que l'on ne
me permit d'estre auec luy , ie me
tuerois en sa presence. Passans en
ces discours & recherchans ensemble l'occasion qui auoit conuié le
Roy de prendre vne si cruelle & iniuste aigreur contre luy, & ne nous
la pouuants imaginer, l'heure vint
de l'ouuerture de la porte du chasteau, où vn ieune homme indis-
cret, qui estoit à Bussi, estant recognu par les gardes & arresté, ils luy
demanderent où il alloit.    Luy

eftonné & furpris leur refpond
qu'il alloit trouuer fon maiftre.
Cette parolle rapportée au Roy,
l'on foupçonne qu'il eft dans le
Louure, où l'aprefdifnée reuenant
de fainct Germain mon frere l'a-
uoit fait entrer parmy la trouppe,
pour conferer auec luy des affaires
de l'armée qu'il faifoit pour Flandre, ne penfant pas lors deuoir partir fi toft de la Cour comme depuis
inopinément il fe refolut. Le foir,
fur les occafions que i'ay dites, l'Archant Capitaine des gardes ayant
commandemét du Roy de le chercher, & de fe faifir de luy & de Simier, faifant cette perquifition à
regret, pour eftre intime amy à
Buffi, duquel il eftoit appellé par
alliáce fon pere & luy le nommoit
fon fils, il monte à la chambre de

Simier, où il fe faifit de luy; & fe
doutant bien que Buffi y eftoit caché il fait vne legere recherche,
eftant bien aife de ne le trouuer
pas. Mais Buffi, qui eftoit fur le lit,
& qui voyoit qu'il demeuroit feul
en cette chambre, craignant que
la commiffion fuft donnée à quelque autre auec lequel il ne feroit en
telle feureté, defirant pluftoft d'e-
ftre en la garde de l'Archant qui
eftoit hónefte homme & fon ámy,
comme il eftoit d'vne humeur
gaillarde & bouffonne, à qui les
dangers & hazards n'auoient iamais peu faire reffentir la peur,
comme l'Archant paffoit la porte
pour s'en aller emmenant Simier,
il fort la tefte du rideau & luy dit;
Hé quoy, mon pere, vous en vou-
lez-vous ainfi aller fans moy? N'e-

ftimez-vous pas ma conduitte plus
honorable que celle de ce pendart
de Simier? L'Archant se tourna, &
luy dit; Ah, mon fils, pleuft à Dieu
qu'il m'euft coufté vn bras & que
vous ne fuffiez pas icy. Il luy refpond; Mon pere, c'eft figne que
mes affaires fe portent bien; allant
toufiours fe gauffant de Simier
pour la tremblante peur où il le
voyoit. L'Archant les meit en vne
chambre auec gardes, & s'en alla
prendre Monfieur de la Chaftre &
le mena à la Baftille. Pendant que
toutes ces chofes fe faifoient Monfieur de Lofte, bon homme vieil,
qui auoit efté gouuerneur du Roy
mon mary, & qui m'aimoit comme fa fille, ayant la garde de mon
frere, cognoiffant l'iniuftice que
l'on luy faifoit, & deteftant le mau-

uais conseil par lequel le Roy se gouuernoit, ayant enuie de nous obliger tous deux se resout de sauuer mon frere; & pour me descouurir son intention, commande aux archers Escossois de se tenir sur le degré au dehors de la porte de mon frere, n'en retenant que deux auec soy de qui il se fioit, & me tirant à part me dit ; Il n'y a bon François à qui le cœur ne saigne de voir ce que nous voyons.   I'ay esté trop seruiteur du Roy vostre pere pour ne sacrifier ma vie pour ses enfans. Ie crois que i'auray la garde de Monsieur vostre frere en quel lieu que l'on le tienne.   Asseurez-le qu'au hazard de ma vie ie le sauueray. Mais à fin que l'on ne s'apperçoiue de mon intention, ne parlons plus ensemble ; mais soyez-en

certaine. Cette efperance me con-
foloit vn peu ; & reprenant mon
efprit ie dis à mon frere que nous
ne deuions point demeurer en cette forme d'inquifition fans fçauoir
ce que nous auions fait ; Que c'e-
ftoit à faire à des faquins d'eftre tenus ainfi. Ie priay Monfieur de
Lofte, puis que le Roy ne vouloit
permettre que la Roine ma mere
montaft, qu'il luy plûft nous faire
fçauoir par quelqu'vn des fiens la
caufe de noftre retention. Monfieur de Combaut, qui eftoit chef
du Confeil des ieunes gens, nous
fut enuoyé, qui auec fa grauité naturelle nous dit qu'il eftoit enuoyé
là pour fçauoir ce que nous vou-
lions faire entendre au Roy. Nous
luy difmes que nous defirions de
parler à quelqu'vn du Roy pour

sçauoir l'occasion de noſtre retention, & que nous ne la pouuions
imaginer  Il nous reſpond gra-
uement, qu'il ne faut demander
aux Dieux & aux Rois raiſon de
leurs effets ;. Qu'ils faiſoient tout à
bonne & iuſte cauſe. Nous luy reſ-
pondiſmes que nous n'eſtions pas
perſonnes pour eſtre tenuës comme ceux que l'on met à l'inquiſi-
tió à qui l'on fait deuiner ce qu'ils
ont fait.  Nous n'en pûſmes tirer
autre choſe, ſimon qu'il s'employe-
roit pour nous, & qu'il nous y feroit tous les meilleurs offices qu'il
pourroit. Mon frere ſe prit à rire;
mais moy qui eſtois toute conuer-
tie en douleurs, pour voir en danger mon frere que ie cheriſſois plus
que moy-meſme, i'eus beaucoup
de peine à m'empeſcher de luy par-

ler comme il meritoit. Pendant qu'il faifoit fon rapport au Roy, la Roine ma mere eftant en fa chambre auec l'affliction que l'on peut penfer ( qui comme perfonne tres-prudente preuoyoit bien que cet excez fait fans fuiet ny raifon pourroit, fi mon frere n'auoit le naturel bon , apporter beaucoup de malheur en ce Royaume ) enuoya querir tous les vieux du Confeil, Monfieur le Chancelier les Princes, Seigneurs, & Marefchaux de France, qui eftoient tous merueilleufemét fcandalifez du mauuais confeil que l'on auoit donné au Roy , difants tous à la Roine ma mere qu'elle s'y deuoit oppofer, & remonftrer au Roy le tort qu'il fe faifoit ; Qu'on ne pouuoit empefcher que ce qui auoit efté fait iufques alors ne fut;

mais qu'il falloit r'abiller cela le
mieux que l'on pourroit. La Roine ma mere va foudain trouuer le
Roy auec tous fes miniftres, qui
luy remonftrent de quelle importance eftoient ces effets. Le Roy
ayant les yeux defillez du pernicieux confeil de ces ieunes gents,
trouue bõ que ces vieux Seigneurs
& Confeillers le luy reprefentent,
& prie la Roine ma mere de rabiller cela, & faire que mon frere ou-
bliaft tout ce qui s'eftoit paffé, &
qu'il n'en fceuft point mauuais gré
à ces ieunes gens, & que par mefme moyen l'accord de Buffi & de
Quelus fuft fait. Cela refolu, toutes les gardes furent foudain oftées
à mon frere, & la Roine ma mere le
trouuant en fa chambre, luy dit
qu'il deuoit loüer Dieu de la grace

qu'il luy auoit faite de le deliurer
d'vn si grãd danger ; Qu'elle auoit
veu l'heure qu'elle ne sçauoit qu'esperer de sa vie ; Que puis qu'il cognoissoit par cela que le Roy estoit
de telle humeur , qu'il s'offençoit
non seulement des effets, mais des
imaginations, & qu'estant resolu
en ses opinions, sans s'arrester à aucun aduis ny d'elle ny d'autre , il
executoit tout ce qui luy venoit en
fantaisie , pour ne le ietter plus en
ces aigreurs cela le deuoit faire re-
soudre à s'accommoder en tout à
sa volonté , & de venir trouuer le
Roy monstrãt ne se ressentir point
de ce qui s'estoit passé contre sa personne, & ne s'en souuenir point.
Nous luy respondismes que nous
auions grandement à loüer Dieu
de la grace qu'il nous auoit faitte

de nous garantir de l’iniuſtice que
l’on nous preparoit, à quoy, aprez
Dieu, nous recognoiſſions luy en
auoir à elle toute l’obligation, mais
que la qualité de mon frere ne permettoit pas que l’on le pûſt mettre
en priſon ſans ſuiet, & l’en tirer ſans
formalité de iuſtification & ſatisfaction. La Roine reſpond ; Que
les choſes faites, Dieu meſme ne
pouuoit faire qu’elles ne fuſſent;
mais que l’on rabilleroit le deſor-
dre qui auoit eſté à ſa priſe en faiſant ſa deliurance auec tout l’honneur & ſatisfaction qu’il pourroit
deſirer; Qu’auſſi il falloit qu’il con-
tentaſt le Roy en tout, luy parlant
auec tel reſpect & auec telle affection à ſon ſeruice qu’il en demeu-
raſt content; & qu’il feit outre cela que Buſſi & Quelus s’accordaſ-

sent de sorte qu'il ne restast rien
qui les pûst brouiller. Aduoüant
bien que le principal motif qui a-
uoit produit ce mauuais conseil &
ces mauuais effets , auoit esté la
crainte que l'on auoit euë du combat que le vieil Bussi , digne pere
d'vn si digne fils , auoit demandé,
suppliant le Roy trouuer bon qu'il
secondast son fils le braue Bussi, &
que Monsieur de Quelus fust se-
condé du sien ; qu'eux quatre fini-
roient cette querelle , sans brouiller
la Cour comme elle auoit esté pour
cette querelle , ny mettre tant de
gens en peine. Mon frere luy promit que Bussi , voyant qu'il n'y a-
uoit point d'esperance de se battre,
feroit pour sortir de prison ce que
elle commanderoit. La Roine ma
mere descendant feit trouuer bon

au Roy de faire sa deliurance auec
honneur. Et pour cet effet il vint
en la chambre de la Roine ma mere, auec tous les Princes, Seigneurs,
& autres Conseillers de son Conseil , & nous enuoya querir par
Monsieur de Villequier; où comme nous allions trouuer sa Majesté, passans par les sales & chambres, nous les trouuasmes toutes
pleines de gens qui nous regar-
doient la larme à l'œil, loüans Dieu
de nous voir hors de danger. Entrans dans la chambre de la Roine
ma mere nous trouuasmes le Roy
auec cette compagnie que i'ay ditte, qui voyant mon frere luy dit;
Qu'il le prioit de ne point trouuer
estrange & ne s'offenser point de
ce qu'il auoit fait, poussé du zele
qu'il auoit au repos de son Estat, &
qu'il

qu’il creut que ce n’auoit point esté
auec intention de luy faire nul desplaisir. Mon frere luy respond;
Qu’il deuoit & auoit voüé tant de
seruice à sa Majesté qu’il trouueroit tousiours bon tout ce qu’il luy
plairoit; mais qu’il le supplioit tres-
humblement considerer que la deuotion & fidelité qu’il luy auoit
tesmoignée ne meritoit pas vn tel
traittement. Toutesfois qu’il n’en
accusoit que son malheur, & restoit
assez satisfait si le Roy recognois-
soit son innocence. Le Roy luy
respondit; Qu’ouy, qu’il n’en estoit
point en doute, & qu’il le prioit de
faire autant d’estat de son amitié
qu’il auoit iamais fait. Sur cela la
Roine ma mere les print tous deux
& les feit embrasser. Soudain le
Roy commanda que l’on fit venir

Buſſi pour l'accorder auec Quelus,
& que l'on meit en liberté Simier
& Monſieur de la Chaſtre. Buſſi
entrant en la chambre auec cette
belle façon qui luy eſtoit naturelle,
le Roy luy dit qu'il vouloit qu'il
s'accordaſt auec Quelus, & qu'il ne
ſe parlaſt plus de leur querelle ; &
luy commanda d'embraſſer Quelus.   Buſſi luy reſpond ; Sire, s'il
vous plaiſt que ie le baiſe, i'y ſuis
tout diſpoſé ; & accommodant les
geſtes auec la parolle luy fit vne
embraſſade à la Pátalone ; de quoy
toute la compagnie , bien qu'encor eſtonnée & ſaiſie de ce qui s'e-
ſtoit paſſé, ne ſe pûſt empeſcher de
rire. Les plus aduiſez iugerent que
cette legere ſatisfaction que receuoit mon frere n'eſtoit appareil
ſuffiſant à vn ſi grand mal.   Cela

fait le Roy & la Roine ma mere
s'approchants de moy, me dirent
qu'il falloit que ie tinsse la main à
ce que mon frere ne côseruast nulle souuenance qui le pûst esloigner
de l'obeïssance & affection qu'il
deuoit au Roy. Ie leur respondis;
Que mon frere estoit si prudent,&
auoit tant de deuotion à son seruice,qu'il n'auoit besoin d'y estre sol-
licité ny par moy ny par autre.Mais
qu'il n'auoit receu & ne receuroit
iamais autre conseil de moy que ce
qui seroit conforme à leur volonté
& son deuoir. Estant lors trois
heures aprez midy que personne
n'auoit encor disné , la Roine ma
mere voulut que nous disnassions
tous ensemble ; puis commanda à
mon frere & à moy d'aller changer nos habits , qui estoient con-

uenables à la trifte condition d'où
nous eftions prefentement fortis,
& nous aller parer pour nous trouuer au foupper du Roy & au bal.
Elle fut obeïe pour les chofes qui
fe pouuoient, deueftir & remettre,
mais pour le vifage, qui eft la viue
image de l'ame, la paffion du iufte
mefcontentement que nous auiós
s'y lifoit auffi apparente qu'elle y
auoit efté imprimée auec la force &
violence du defpit & iufte defdain
que nous reffentions par l'effet de
tous les actes de cette tragicome-
die.  Laquelle eftant finie de cette
façon, le Cheualier de Seurre, que
la Roine ma mere auoit baillé à
mon frere pour coucher en fa chá-
bre, & qu'elle prenoit plaifir d'ouïr
quelquesfois caufer , pour eftre
d'humeur libre , & qui difoit de

bonne grace ce qu'il vouloit, tenát
vn peu de l'humeur d'vn Philoso-
phe Cynique, se trouuant deuant
elle, elle luy demande ; Et bien,
Monsieur de Seurre, que dittes
vous de tout cecy? C'est trop, dit-il,
pour faire à bon escient, & trop
peu pour se ioüer. Et se tournant
vers moy, sans qu'elle le pûst entendre, me dit ; Ie ne crois pas que
ce soit icy le dernier acte de ce ieu.
Cet homme (voulát parler de mon
frere) me tromperoit bien s'il en
demeuroit là. Cette iournée estant
passée de cette façon, le mal ayant
seulemét esté adoucy par le dehors
& non par le dedans, les ieunes
gens qui possedoient le Roy iu-
geants le naturel de mon frere par
le leur, & leur iugement peu expe-
rimenté ne permettant pas qu'ils

peuſſent iuger ce que peut le deuoir & l'amour de la patrie ſur
vn Prince ſi grand & ſi bien né
qu'il eſtoit , perſuadent au Roy,
pour touſiours ioindre leur cauſe à
la ſienne, que mon frere n'oublie-
roit iamais l'affront public qu'il a-
uoit receu , & s'en voudroit venger.  Le Roy ſans ſe ſouuenir de
l'erreur que luy auoient fait commettre ces ieunes gens , reçoit ſoudain cette ſeconde impreſſion , &
commande aux Capitaines des gardes que l'on priſt ſoigneuſement
garde aux portes que mon frere ne
ſortiſt point , & que tous les ſoirs
l'on feit ſortir tous les gés de mon
frere hors du Louure , luy laiſſant
ſeulemẽt ce qui couchoit d'ordinaire dans ſa chambre, ou dans ſa
garderobbe.  Mon frere ſe voyant

de cette façon eftre à la mifericorde de ces ieunes ceruelles, qui fans
refpect ny iugement faifoient difpofer de luy au Roy comme il leur
venoit en fantaifie, craignant qu'il
ne luy aduint pis, & ayant l'exem-
ple tout recent de ce qui fans occafion ny raifon luy auoit efté fait,
ayant fupporté trois iours l'apprehenfion de ce danger, fe refolut de
s'ofter de là, pour fe retirer chez
luy, & ne reuenir plus à la Cour,
mais auancer fes affaires le plus
promptement qu'il pourroit pour
s'en aller en Flandre. Il me com-
munique cette volonté, & voyant
que c'eftoit fa feureté, & que le
Roy ny cet Eftat n'en pouuoient
receuoir du preiudice, ie l'approu-
uay, & en cherchant les moyens,
voyant qu'il ne pouuoit fortir par

T iiij

les portes du Louure, qui eftoient
fi curieufement gardées, que mefme l'on regardoit tous ceux qui
paffoient au vifage, il ne s'en trouue point d'autre que de fortir par
la feneftre de ma chambre, qui regardoit dans le foffé, & eftoit au
fecond eftage. Il me prie pour cet
effet faire prouifion d'vn cable
fort, & de la longueur neceffaire.
A quoy ie pouruois foudain, faifant emporter le iour mefme par
vn garçon qui m'eftoit fidelle vne
malle de lit qui eftoit rópuë comme pour la faire raccouftrer ; & à
quelques heures de là la rappor-
tât il y meit le cable qui nous eftoit
neceffaire. L'heure du foupper
eftant venuë, qui eftoit vn iour
maigre que le Roy ne fouppoit
point, la Roine ma mere fouppa

feule en fa petite fale & moy auec
elle. Mon frere, bien qu'il fuft affez patient & difcret en toutes fes
actions, follicité de la fouuenance
de l'affront qu'il auoit receu, & du
danger qui le menaçoit, impatien-
tant de fortir, s'y trouue comme ie
me leue de table, & me dit à l'oreille qu'il me prioit de me hafter , &
de venir toft à ma chambre où il fe
trouueroit. Monfieur de Matignon, qui n'eftoit encores Marefchal , vn dangereux & fin Nor-
mand qui n'aimoit point mon frere,en eftant aduerty par quelqu'vn
qui peut eftre n'auoit pas bien tenu
fa langue , ou le coniecturant fur
la façon de quoy m'auoit parlé
mon frere, dit à la Roine ma mere
comme elle entroit en fa chambre,
( ce que i'entrouïs prefque , eftant

aſſez prez d'elle, & y prenant garde,& obſeruant curieuſement tout
ce qui ſe paſſoit ; comme font ceux
qui ſe trouuent en pareil eſtat , &
ſur le point de leur deliurance ſont
agitez de crainte & d'eſperance)
que ſans doute mon frere s'en vouloit aller ; que demain il ne ſeroit
plus là ; qu'il le ſçauoit tres-bien ;
& qu'elle y meit ordre. Ie veis que
elle ſe troubla à cette nouuelle ; ce
qui me donna encor plus d'appre-
henſion que nous ne fuſſions deſ-
couuerts. Nous entrans en ſon cabinet, elle me tira à part & me dit ;
Auez-vous veu ce que Matignon
m'a dit ? Ie luy dis ; Ie ne l'ay pas
entendu , Madame, mais i'ay veu
que c'eſtoit choſe qui vous donnoit peine. Ouy, ce dit-elle, bien
fort ; car vous ſçauez que i'ay reſ-

pondu au Roy que voſtre frere ne
s'en iroit point, & Matignon vient
de me dire qu'il ſçauoit tres-bien
qu'il ne ſera demain icy.   Lors me
trouuant entre ces deux extremi-
tez, ou de manquer à la fidelité que
ie deuois à mon frere, & mettre ſa
vie en danger, ou de iurer contre
la verité (choſe que ie n'euſſe voulu pour euiter mille morts) ie me
trouuay en ſi grande perplexité,
que ſi Dieu ne m'euſt aſſiſtée, ma
façon euſt aſſez teſmoigné ſans
parler ce que ie craignois qui fuſt
deſcouuert. Mais comme Dieu aſ-
ſiſte les bonnes intentions, & ſa diuine bonté operoit en cette œuure
pour ſauuer mon frere, ie compo-
ſay tellement mon viſage & mes
parolles qu'elle ne pûſt rien cognoiſtre que ce que ie voulois, &

que ie n'offenfay mon ame ny ma
confcience par aucun faux fermét.
Ie luy dis donc fi elle ne cognoiffoit pas bien la haine que Mófieur
de Matignon portoit à mon frere;
Que c'eftoit vn broüillon mali-
cieux qui auoit regret de nous voir
tous d'accord ; Que lors que mon
frere s'en iroit i'en voulois refpondre de ma vie ; Que ie m'affeurois
bien que ne m'ayant iamais rien celé il m'euft communiqué ce deffein
s'il euft eu cette volonté. Ce que
ie difois m'affeurant bien que mon
frere eftant fauué l'on n'euft ofé me
faire defplaifir, & au pis aller, quád
nous euffions efté defcouuerts, i'aimois trop mieux engager ma vie
que d'offenfer mon ame par vn
faux ferment , & mettre la vie de
mon frere en hazard. Elle ne re-

cherchant pas de prez le sens de
mes parolles me dit ; Pensez bien à
ce que vous dites ; vous m'en serez
caution ; vous m'en respondrez sur
vostre vie. Ie luy dis en sousriant,
que c'estoit ce que ie voulois; & luy
donnant le bon soir ie m'en allay
en ma chambre, où me deshabil-
lant en diligence , & me mettant
au lit pour me deffaire de mes Dames & filles, estant restée seule auec
mes femmes de chambre, mon frere vint auec Simier & Cangé, & me
releuant nous accordasmes la corde auec vn baston, & ayants regardé dans le fossé s'il y auoit personne, estant seulement aidée de trois
de mes femmes qui couchoient en
ma chambre , & du garçon de la
chambre qui m'auoit apporté la
corde, nous descendons premiere-

ment mon frere , qui rioit & gauf-
foit fans auoir aucune apprehenfion,bien qu'il y euft vne trefgran-
de hauteur , puis Simier , qui trem-
blant ne fe pouuoit prefque tenir
de peur , puis Cangé fon valet de
chambre. Dieu conduifit fi heu-
reufement mon frere fans eftre def-
couuert , qu'il fe rendit à faincte
Geneuiefue où Buffi l'attendoit,
qui du confentement de l'Abbé a-
uoit fait vn trou à la muraille de la
ville par lequel il fortit,& trouuant
là des cheuaux tout prefts , fe retira
à Angers fans aucune infortune.
Comme nous defcendions Cangé
le dernier , il fe leue vn homme du
fonds du foffé qui comméce à courir vers le logis qui eft auprez du
ieu de paume , qui eft le chemin où
l'on va vers le corps de garde. Moy

qui en tout ce hazard n'auois iamais apprehendé ce qui eftoit de
mon particulier , mais feulement
la feureté ou le danger de mon frere , demeuray demy - pafmée de
peur, croyát que ce fuft quelqu'vn
qui fuiuant l'aduis de Monfieur de
Matignon euft efté mis là pour
nous guetter; & eftimant que mon
frere fut pris, i'entray en vn defef-
poir qui ne fe peut reprefenter que
par l'effay de chofes femblables.
Eftant en ces alteres , mes femmes
plus curieufes que moy de ma feureté & de la leur, prennent la corde
& la mettent au feu, à fin qu'elle ne
fut trouuée, fi le malheur eftoit fi
grand que cet homme qui s'eftoit
leué du foffé y euft efté mis pour
guetter. Cette corde eftát fort longue fait vne fi grande flamme que

le feu se met dans la cheminée; de
façon que sortant par dessus le couuert, & estant apperceu des archers
qui estoient cette nuit-là en garde,
ils viennent frapper effroyablemēt
à ma porte, disants que l'on ouurist
promptement.  Lors, bien que ie
pensasse à ce coup-là que mon frere fust pris , & que nous fussions
tous deux perdus, ayant tousiours
neantmoins esperé en Dieu qui me
conseruoit le iugement entier (grace qu'il a pleu à sa diuine Majesté
me faire en tous les dangers que ie
me suis trouuée ) voyāt que la corde n'estoit pas que demy-bruslée,
ie dis à mes femmes qu'elles allas-
sent tout bellement à la porte demander ce qu'ils vouloient, parlant bas comme si i'eusse dormy.
Ce qu'elles font; & les archers leur

                    dirent

dirent que c'eftoit le feu qui eftoit
à ma cheminée , & qu'ils venoient
pour l'efteindre. Mes femmes leur
dirent que ce n'eftoit rien, & qu'elles l'efteindroient bien, & qu'ils fe
gardaffent bien de m'efueiller. Ils
s'en reuont.   L'allarme paffée , à
deux heures de là voicy Monfieur
de Coffé qui me vient querir pour
aller trouuer le Roy & la Roine
ma mere pour leur rendre raifon
de la fortie de mon frere , en ayant
efté aduertis par l'Abbé de faincte
Geneuiefue , qui, pour n'en eftre
embroüillé , & du confentement
mefme de mon frere, lors qu'il veit
qu'il eftoit affez loing pour ne pouuoir eftre attrappé en vint aduertir
le Roy, difant qu'il l'auoit furpris
en fa maifon, & que l'ayant tenu
enfermé iufques à ce qu'ils euffent

V

fait leur trou, il n'auoit pû pluſtoſt
en venir aduertir le Roy. Il me
trouua au lit, car c'eſtoit la nuit, &
me leuant ſoudain auec mon manteau de nuit, vne de mes femmes
indiſcrette & effrayée ſe prend à
mon manteau en criant & pleurât,
diſant que ie n'en reuiendrois iamais. Monſieur de Coſſé la re-
pouſſant me dit ; Si cette femme
auoit fait ce trait deuant vne perſonne qui ne vous fuſt ſeruiteur
comme ie ſuis, cela vous mettroit
en peine. Mais ne craignez rien,&
loüez Dieu ; car Monſieur voſtre
frere eſt ſauué. Ces parolles me
furent vn aduertiſſement bien neceſſaire pour me fortifier contre les
menaces & intimidations que i'a-
uois à ſouffrir du Roy, que ie trouuay aſſis au cheuet du lit de la Roi-

ne ma mere en vne telle cholere,
que ie crois qu'il me l'euft fait reffentir, fi la crainte de l'abfence de
mon frere & la prefence de la Roine ma mere ne l'en euft empefché.
Ils me dirent tous deux que ie leur
auois dit que mon frere ne s'en
iroit point, & que ie leur en auois
refpondu. Ie leur dis qu'ouy; mais
qu'il m'auoit trompé en cela comme eux ; Que toutesfois ie leur ref-
pondois à peine de ma vie que fon
partement n'apporteroit aucune
alteration au feruice du Roy, &
qu'il s'en alloit feulement chez luy
pour donner ordre à ce qui luy
eftoit neceffaire pour fon entreprife de Flandre. Cela adoucit vn peu
le Roy, & me laiffa retourner en
ma chambre. Il eut bien toft nouuelles de mon frere, qui l'affeuroiét

de ſa volonté telle comme ie luy
auois dit; ce qui feit ceſſer la plain-
te, non le meſcontentement, monſtrant en apparence d'y vouloir ai-
der, mais en effet trauerſant ſous
main les appreſts de ſon armée
pour Flandre.

# LIVRE TROISIESME.

LE temps s'estant passé de cette façon, moy pressant à toute heure le Roy de me vouloir permettre d'aller trouuer le Roy mon mary, luy voyant qu'il ne me le pouuoit refuser, & ne voulant que ie partisse mal satisfaite de luy, desirant outre cela infiniment de me separer de l'amitié de mon frere, il m'oblige par toutes sortes de bienfaits, me donnant, suiuant la promesse que la Roine ma mere m'en auoit faitte à la paix de Sens, l'assignat de mon dot en terres, & outre cela la nomination des offices & benefices. Et outre la pension qu'il me donnoit telle que les filles de

France ont accouſtumé d’auoir, il
m’en donna encor vne de l’argent
de ſes coffres ; prenant la peine de
me venir voir tous les matins , &
me repreſentant combien ſon amitié me pouuoit eſtre vtile ; Que celle de mon frere me cauſeroit en fin
ma ruine, & que la ſienne me pouuoit faire viure bien-heureuſe ; &
mille autres raiſons tendantes à cette fin. En quoy iamais il ne pûſt
eſbranler la fidelité que i’auois
vouée à mon frere, & ne pût tirer
autre choſe de moy , ſinon que
mon plus grand deſir eſtoit de voir
mon frere en ſa bonne grace; Qu’il
me ſembloit qu’il n’auoit pas merité d’en eſtre eſloigné , & que ie
m’aſſeurois qu’il s’efforceroit de
s’en rendre digne par toute ſorte
d’obeïſſance & de tres-humble ſer-

uice ; Que pour moy ie reſſentois
d'eſtre obligée à luy de tant d'honneur & de biens qu'il me faiſoit;
Qu'il ſe pouuoit bien aſſeurer qu'e-
ſtant auprez du Roy mon mary ie
ne manquerois nullemét aux com-
mandements qu'il luy plairoit me
faire, & que ie ne trauaillerois à autre choſe qu'à maintenir le Roy
mon mary en ſon obeïſſance. Mon
frere eſtant lors ſur ſon partement
de Flandre , la Roine ma mere le
voulut aller voir à Alençon auanṭ
qu'il partiſt.  Ie ſuppliay le Roy de
trouuer bon que ie l'y accompa-
gnaſſe pour luy dire à Dieu.  Ce
qu'il me permit , bien qu'à regret.
Reuenus que nous fuſmes d'Alençon , ayant toutes choſes preſtes
pour mon partement , ie ſuppliay
encor  le Roy de me laiſſer aller.

V iiij

La Roine ma mere qui auoit aussi
vn voyage à faire en Gascogne
pour le seruice du Roy, ( ce païs-là
ayant besoin de luy ou d'elle ) elle
se resolut que ie n'irois pas sans elle. Et partants de Paris le Roy nous
mena à son Dolinuille , où aprez
nous auoir traittez quelques iours,
nous prismes congé de luy, & dans
peu de temps nous fusmes en
Guyenne, où dés que nous entras-
mes dans le gouuernemét du Roy
mon mary l'on me feit entrée par
tout.  Il veint au deuant de la Roine ma mere iusques à la Rochelle,
ville que ceux de la religion tenoient pour la deffiance qui estoit
encor alors , le païs n'estant encor
bien estably ne luy ayant pû permettre de venir plus outre.  Il y
estoit tresbien accompagné de tous

les Seigneurs & Gentils-hommes
de la religion de Gascogne , & de
quelques Catholiques.   La Roine
ma mere pensoit y demeurer peu
de temps, mais il suruinst tant d'ac-
cidéts, & du costé des Huguenots
& de celuy des Catholiques, qu'elle fust contrainte de demeurer dix-
huit mois. Et en estant faschée, elle
voulut quelque fois attribuer que
cela se faisoit artificieusemét pour
voir plus long temps de ses filles,
pource que le Roy mó mary estoit
deuenu fort amoureux de Dayelle,
& Mósieur de Thurene de la Ver-
gne; ce qui n'empeschoit pas que
ie ne receusse beaucoup d'honneur
& d'amitié du Roy, qui m'en tes-
moignoit autant que i'en eusse pû
desirer, m'ayant dés le premier iour
conté tous les artifices que l'on luy

auoit faits pendant qu'il eftoit à la Cour pour nous mettre mal enfemble. Ce qu'il recognoiffoit bien auoir efté fait feulement pour rompre l'amitié de mon frere & de luy, & pour nous ruiner tous trois; monftrant auoir beaucoup de contentement que nous fuffions enfemble. Nous demeurafmes en cette heureufe condition tant que la Roine ma mere fut en Gafcogne ; laquelle aprez auoir eftably la paix changea de Lieutenant de Roy à la priere du Roy mon mary, oftant Monfieur le Marquis de Villars pour y mettre Monfieur le Marefchal de Biron. Elle paffant en Languedoc nous la conduififmes iufques à Caftelnaudarry, où prenants congé d'elle nous nous en reuinfmes à Pau en Bearn, où

n’ayant nul exercice de la religion
Catholique, l’on me permit seulement de faire dire la Messe en vne
petite chappelle qui n’a que trois
ou quatre pas de long , qui estant
fort estroitte estoit pleine quand
nous y estions sept ou huit. A l’heure que l’on vouloit dire la Messe
l’on leuoit le pont du chasteau, de
peur que les Catholiques du païs,
qui n’auoient aucun exercice de la
religion, l’ouïssent. Car ils estoient
infiniment desireux de pouuoir af-
sister au sainct sacrifice, de quoy ils
estoient depuis plusieurs années
priuez ; & poussez de ce sainct &
iuste desir, les habitás de Pau trouuerent moyen le iour de la Pente-
coste auant que l’on leuast le pont
d’entrer dans le chasteau se glissans
dans la chappelle , où ils n’auoient

point esté descouuerts iusques sur
la fin de la Messe, qu'entr'ouurans
la porte pour laisser entrer quelqu'vn de mes gens, quelques Huguenots qui espioient à la porte les
apperceurent, & l'allerent dire au
Pin Secretaire du Roy mon mary,
( lequel possedoit infiniment son
maistre, & auoit grande authorité
en sa maison, menant toutes les affaires de ceux de la religion ) lequel
y enuoya des gardes du Roy mon
mary, qui les tirant hors & les bat-
tant en ma presence, les menerent
en prison, où ils furent long temps,
& payerent vne grosse amende.
Cette indignité fust ressentie infiniment de moy, qui n'attendois
rien de semblable.   Ie m'en allay
plaindre au Roy mon mary, le suppliant faire lascher ces pauures Ca-

tholiques, qui n'auoient point merité vn tel chaſtiment pour auoir
voulu , aprez auoir eſté ſi long
temps priués de l'exercice de noſtre
religion , ſe preualoir de ma venuë
pour rechercher le iour d'vne ſi
bonne feſte d'ouïr la Meſſe. Le Pin
ſe meit en tiers , ſans y eſtre appellé , & ſans porter ce reſpect à ſon
maiſtre de le laiſſer reſpondre, préd
la parolle, & me dit que ie ne rom-
piſſe point la teſte au Roy mon
mary de cela , car quoy que i'en
peuſſe dire il n'en ſeroit fait autre
choſe ; Qu'ils auoient bien merité
ce que l'on leur faiſoit, & que pour
mes parolles il n'en ſeroit ny plus
ny moins ; Que ie me contentaſſe
que l'on me permettoit de faire dire vne Meſſe pour moy , & pour
ceux de mes gens que i'y voudrois

mener. Ces parolles m'offenserent beaucoup d'vn homme de telle qualité, & suppliay le Roy mon mary, si i'estois si heureuse d'auoir quelque part en sa bonne grace, de me faire cognoistre qu'il ressentoit l'indignité qu'il me voyoit rece- uoir par ce petit homme, & qu'il m'en feit raison. Le Roy mon ma- ry voyant que ie m'en passionnois iustement, le feit sortir & oster de deuant moy, me disant qu'il estoit fort marry de l'indiscretion de du Pin, & que c'estoit le zele de sa re- ligion qui l'auoit transporté à cela, & qu'il m'en feroit telle raison que ie voudrois ; Que pour les prison- niers Catholiques, il aduiseroit a- uec ses Conseillers du Parlement de Pau ce qui se pourroit faire pour me contenter. M'ayant ainsi parlé

il alla aprez en fon cabinet où il
trouua le Pin, qui aprez auoir parlé à luy le changea tout. De forte
que craignant que ie le requiffe de
luy donner congé, il me fuit & me
fait la mine. En fin voyant que ie
m'opiniaftrois à vouloir qu'il chaf-
faft du Pin ou moy, celuy qui luy
feroit le plus agreable, tous ceux
qui eftoient là, & qui haïffoient le
Pin, luy dirent qu'il ne me deuoit
mefcontenter pour vn tel homme,
qui m'auoit tant offenfée, que fi cela venoit à la cognoiffance du Roy
& de la Roine ma mere, ils trouue-
roiét fort mauuais qu'il l'eut fouf-
fert & tenu prez de luy. Ce qui le
contraignit en fin de luy donner
congé. Mais il ne laiffa à continuer
de me faire du mal & de m'en faire
la mine, y eftant, à ce qu'il m'a dit

depuis , perſuadé par Monſieur de
Pibrac, qui ioüoit au double ; me
diſant à moy que ie ne deuois ſouffrir d'eſtre brauée d'vn homme de
peu comme celuy-là, & quoy que
ce fuſt qu'il falloit que ie le fiſ-
ſe chaſſer ; & diſant au Roy mon
mary qu'il n'y auoit apparence que
ie le priuaſſe du ſeruice d'vn homme qui luy eſtoit ſi neceſſaire. Ce
que Monſieur de Pibrac faiſoit
pour me conuier à force de deſplai-
ſirs de retourner en France , où il
eſtoit attaché en ſon eſtat de Pre-
ſident & de Conſeiller au Conſeil
du Roy. Et pour empirer encor
ma condition depuis que Dayelle
s'eſtoit eſloignée le Roy mon mary s'eſtoit mis à rechercher Rebours, qui eſtoit vne fille malicieu-
ſe, qui ne m'aimoit point , & qui
me

me faisoit tous les plus mauuais offices qu'elle pouuoit en son endroit. En ces trauerses ayant tousiours recours à Dieu, il eut en fin
pitié de mes larmes, & permit que
nous partissions de ce petit Gene-
ue de Pau, où de bonne fortune
pour moy Rebours y demeura malade, laquelle le Roy mon mary
perdant des yeux perdit aussi d'affection, & commença à s'embar-
quer auec Fosseuse, qui estoit
plus belle pour lors, toute enfant,
& toute bonne. Dressants nostre
chemin vers Montauban, nous
passasmes par vne petite ville nommée Eause, & la nuit que nous y
arriuasmes le Roy mon mary tom-
ba malade d'vne grande fiéure continuë, auec vne extresme douleur
de teste qui luy dura dixsept iours,

X

durant laquelle il n'auoit repos ny iour ny nuit, & le falloit perpetuellement changer de lit à autre. Ie me rendis fi fuiette à le feruir, ne me partant iamais d'auprez de luy, & fans me deshabiller, qu'il commença à auoir agreable mon ferui-ce, & à s'en loüer à tout le monde, & particulierement à mon coufin Monfieur　　　　　qui me rendant office de bon parent, me remit auffi bien auprez de luy que iamais i'auois efté. Felicité qui me dura l'efpace de quatre ou cinq ans que ie fus en Gafcogne auec luy; faifant la plufpart de ce temps-là noftre feiour à Nerac, où noftre Cour eftoit fi belle que nous n'enuions point celle de France, y ayant Madame la Princeffe de Nauarre fa fœur, qui depuis a efté mariée à

Monfieur le Duc de Bar , & moy,
auec bon nombre de Dames & filles, & le Roy mon mary eftant fuiuy d'vne belle trouppe de Seigneurs & Gentils-hommes , auffi
hóneftes gens que les plus galants
que i'ay veu à la Cour ; & n'y auoit
rien à regretter en eux finon qu'ils
eftoient Huguenots.  Mais de cette diuerfité de religion il ne s'en
oyoit point parler , le Roy mon
mary & Madame la Princeffe fa
fœur allants d'vn cofté au prefche,
& moy & mon train à la Meffe en
vne chappelle qui eft dans le parc;
d'où comme ie fortois nous nous
r'affemblions pour nous aller promener enfemble , ou dans vn tres-
beau iardin, qui a des allées de lauriers & de ciprez fort longues, ou
dans le parc que i'auois fait faire,

X ij

en des allées de trois mille pas qui
font au long de la riuiere; & le refte
de la iournée fe paffoit en toutes
fortes de plaifirs honneftes , le bal
fe tenant d'ordinaire l'aprefdifnée
& le foir.   Le Roy feruoit Foffeufe , qui dependant du tout de moy,
fe maintenoit auec tant d'honneur
& de vertu , que fi elle euft toufiours continué de cette façon elle
ne fuft tombée au malheur qui depuis luy en a tant apporté & à moy
auffi. Mais la fortune enuieufe d'v-
ne fi heureufe vie, qui fembloit en
la tranquilité & vnion où nous
nous mainteniós mefprifer fa puiffance, excita nouueau fuiet de guerre entre le Roy mon mary & les
Catholiques, rendant le Roy mon
mary & Monfieur le Marefchal de
Biron , qui auoit efté mis en cette

charge de Lieutenant de Roy en
Guyenne à la requeste des Huguenots, tant ennemis, que quoy que
ie pússe faire pour les maintenir
bien ensemble le Roy mon mary
& luy, ie ne pûs empescher qu'ils
ne vinssent à vne extresme deffiance & haine, commençáts à se plaindre l'vn de l'autre au Roy; le Roy
mon mary demádant que l'on luy
ostast Monsieur le Mareschal de
Biron de Guyenne, & Monsieur
le Mareschal taxant mon mary &
ceux de la religion pretenduë d'entreprendre plusieurs choses contre
le traitté de la paix. Ce commencement de desunion s'allant tousiours accroissant à mon grand regret, sans que i'y peusse remedier,
Monsieur le Mareschal de Biron
cóseille au Roy de venir en Guyen-

X iij

ne, difant que fa prefence y apporteroit vn ordre.   De quoy les Huguenots eftants aduertis , ils creu-
rent que le Roy venoit feulement
pour les defemparer de leurs villes
& s’en faifir. Ce qui les fit refoudre
à prendre les armes ; qui eftoit tout
ce que ie craignois , moy eftant
embarquée à courre la fortune du
Roy mon mary,& par confequent
me voir en vn party contraire à celuy du Roy & à celuy de ma religion. I’en parlay au Roy mon mary pour l’en empefcher , & à tous
ceux de fon Confeil, leur remon-
ftrant combien peu aduantageufe
leur pourroit eftre cette guerre, où
ils auoient vn chef contraire tel
que Monfieur le Marefchal de Biron, grand Capitaine & fort ani-
mécontre eux, qui ne les feindroit

pas & ne les efpargneroit pas comme auoient fait d'autres ; Que fi la
puiffance du Roy eftoit employée
contre eux auec intention de les exterminer tous , ils n'eftoient pas
pour y refifter. Mais la crainte
qu'ils auoient de la venuë du Roy
en Guyenne, & l'efperance de plufieurs entreprifes qu'ils auoient fur
la plufpart des villes de Gafcogne
& de Languedoc les y pouffoit tellement, qu'encores que le Roy me
fift cet honneur d'auoir beaucoup
plus de creance & de fiáce en moy,
& que les principaux de la religion
m'eftimaffent auoir quelque iugement, ie ne pûs pourtant leur perfuader ce que bien toft aprez ils re-
cognurent à leurs defpens eftre
vray. Il fallut laiffer paffer ce tor-
rét, qui allentit bien toft fon cours

quand ils vindrent à l'experience
de ce que ie leur auois predit. Long
temps deuant que l'on vint à ces
termes, voyant que les choses s'y
disposoient, i'en auois souuent aduerty le Roy & la Roine ma mere,
pour y remedier en donnant quelque contentement au Roy mon
mary. Mais ils n'en auoient tenu
conte, & sembloit qu'ils fussent
bien aises que les choses en vinssent
là; estants persuadez par le feu Mareschal de Biron qu'il auoit moyen
de reduire les Huguenots aussi bas
qu'il voudroit. Mes aduis negligez, peu à peu les aigreurs se vont
augmentát, de sorte qu'ils en viennent aux armes. Mais ceux de la
religion pretenduë refomée s'estás
de beaucoup mescontez aux forces
qu'ils faisoient estat de mettre en-

femble, le Roy mon mary fe trouue plus foible que le Marefchal de
Biron ; mefmes toutes leurs entreprifes eftants faillies, fors celle de
Cahors qu'ils prindrét par petards
auec perte de beaucoup de gens,
pour y auoir Monfieur de Vezins
combattu l'efpace de deux ou trois
iours, leur ayant difputé ruë aprez
ruë, & maifon aprez maifon ; où le
Roy mon mary fit paroiftre fa prudence & valeur, non comme Prince de fa qualité, mais comme vn
prudent & hazardeux Capitaine.
Cette prife les affoiblit plus qu'elle
ne les fortifia. Le Marefchal de
Biron prenant fon temps tinft la
campagne, attaquant & empor-
tant toutes les petites villes qui te-
noiét pour les Huguenots, & mettant tout au fil de l'efpée. Dés le

commencement de cette guerre,
voyant que l'honneur que le Roy
mon mary me faisoit de m'aimer
me commandoit de ne l'abandon-
ner, ie me resolus de courre sa fortune ; non sans extreme regret de
voir que le motif de cette guerre
fut tel, que ie ne pouuois souhait-
ter l'auantage de l'vn ou de l'autre
que ie ne souhaitasse mon dom-
mage. Car si les Huguenots auoiét
du meilleur, c'estoit la ruine de la
religion Catholique, de qui i'affe-
ctionnois la conseruation plus que
ma propre vie. Si aussi les Catholiques auoient l'auantage sur les
Huguenots, ie voyois la ruine du
Roy mon mary. Retenuë neantmoins auprez de luy par mon deuoir, & par l'amitié & fiance qu'il
luy plaisoit me monstrer, i'escri-

uois au Roy & à la Roine ma mere
l'eſtat en quoy ie voyois les affaires
de ce païs-là pour en auoir eſté les
aduis que ie leur en auois donnez
negligez ; Que ie les ſuppliois, ſi en
ma conſideration ils ne me vouloient tant obliger que de faire
eſteindre ce feu au milieu duquel ie
me voyois expoſée, qu'au moins il
leur plûſt commander à Monſieur
le Mareſchal de Biron que la ville
où ie faiſois mon ſeiour fuſt tenuë
en neutralité, & qu'à trois lieuës
prez de là il ne ſe feit point la guerre, & que i'en obtiendrois autant
du Roy mon mary pour le party
de ceux de la religion. Cela me fut
accordé du Roy, pourueu que le
Roy mon mary ne fuſt point dans
Nerac ; mais que lors qu'il y ſeroit
la neutralité n'auroit point de lieu.

Cette condition fut obseruée de l'vn & de l'autre party auec autant de respect que i'eusse peu desirer. Mais elle n'empescha pas que le Roy mon mary ne vinst souuent à Nerac, où nous estions Madame sa sœur & moy, estant son naturel de se plaire parmy les Dames, mesmes estant lors fort amoureux de Fosseuse, qu'il auoit tousiours seruie depuis qu'il quitta Rebours; de laquelle ie ne receuois nul mauuais office, & pour cela le Roy mon mary ne laissoit de viure auec moy en pareille priuauté & amitié, voyát que ie ne desirois que de le conten- ter en toutes choses. Toutes ces considerations l'ayants vn iour a- mené à Nerac auec ses trouppes, il y seiourna trois iours, ne pouuant se departir d'vne compagnie &

d'vn seiour si agreable. Le Mareschal de Biron, qui n'espioit qu'vne
telle occasion , en estant aduerty
feint de venir auec son armée prez
de là pour ioindre à vn passage de
riuiere Monsieur de Cornusson Se-
neschal de Tolose qui luy amenoit
des trouppes , & au lieu d'aller là
tourne vers Nerac, & sur les neuf
heures du matin se presente auec
toute son armée en bataille prez &
à la volée du canon. Le Roy mon
mary qui auoit eu aduis dés le soir
de la venuë de Monsieur de Cornusson , voulant les empescher de
se ioindre, & les combattre separés,
ayant forces suffisantes pour ce faire, ( car il auoit lors Monsieur de
la Rochefoucaut auec toute la Noblesse de Xaintonge, & bien huit
cens harquebusiers à cheual qu'il

luy auoit amenez ) estoit party du matin au point du iour, pensant les rencontrer sur le passage de la riuiere. Mais les ayant failly, pour n'auoir esté bien aduerty , Monsieur de Cornusson ayant dés le soir deuant passé la riuiere , il s'en reuint à Nerac. Et comme il entroit par vne porte il sceust le Mareschal de Biron estre en bataille deuant l'autre. Il faisoit ce iour là vn fort mauuais temps , & vne si grande pluye que la harquebuserie ne pouuoit seruir. Neantmoins le Roy mon mary iette quelques trouppes des siennes dans les vignes pour empescher que le Mareschal de Biron n'approchast plus prez. N'y ayant moyen, à cause de l'extreme pluye qu'il faisoit ce iour là, de faire autre effet, le Mareschal

de Biron demeurant cependant en
bataille à noſtre veuë , & laiſſant
ſeulement deſbander deux ou trois
des ſiens qui vindrent demander
des coups de lance pour l'amour
des Dames, ſe tenoit ferme couurât
ſon artillerie iuſques à ce qu'elle fut
preſte à tirer. Puis faiſant ſoudain
fendre ſa trouppe fait tirer ſept ou
huit volées de canon dans la ville,
dont l'vne donna iuſques au chaſteau ; & ayant fait cela , part de là,
& ſe retire, m'enuoyant vn trompette pour s'excuſer à moy, & me
mandant que ſi i'euſſe eſté ſeule il
n'eut pour rien du monde entrepris
cela ; mais que ie ſçauois qu'il auoit
eſté dit en la neutralité qui auoit
eſté accordée par le Roy, que ſi le
Roy mon mary eſtoit à Nerac la
neutralité n'auroit point de lieu, &

qu'il auoit commandemét du Roy
de l'attaquer en quelque lieu qu'il
fut.   En toutes autres occasions
Monsieur le Mareschal de Biron
m'auoit rendu beaucoup de respect, & tesmoigné de m'estre amy.
Car luy estant tombé de mes lettres
entre les mains durant la guerre, il
me les auoit renuoyées toutes fer-
mées, & tous ceux qui se disoient
à moy ne receuoiét de luy qu'honneur & bon traittement.   Ie respondis à son trompette que ie sça-
uois que Monsieur le Mareschal
ne faisoit en cela que ce qui estoit
du deuoir de la guerre & du commandement du Roy ; mais qu'vn
homme prudent comme il estoit
pouuoit bien satisfaire & à l'vn &
à l'autre sans offenser ses amis;
Qu'il me pouuoit bien laisser iouïr

ces

ces trois iours de contentement de
voir le Roy mon mary à Nerac;
Qu'il ne pouuoit l'attaquer en ma
presence sans s'attaquer à moy; que
i'en estois fort offensée , & que ie
m'en plaindrois au Roy. Cette
guerre dura encor quelque temps,
ceux de la religion ayant tousiours
du pire ; ce qui m'aidoit à disposer
le Roy mon mary à vne paix. I'en
escriuis souuent au Roy & à la Roine ma mere , mais ils n'y vouloient point entendre , se fians en
la bonne fortune qui iusques alors
auoit accompagné Monsieur le
Mareschal de Biron. En mesme
temps que cette guerre commença, la ville de Cambray, qui s'estoit
depuis mon partement de France
mise en l'obeïssance de mon frere
par le moyen de Mósieur d'Ainsi,

Y

duquel i'ay parlé cy deuant , fuſt
aſſiegée des forces Eſpagnoles. De
quoy mon frere, qui eſtoit chez luy
au Pleſſis lez Tours, fut aduerty (lequel eſtoit depuis peu reuenu de
ſon voyage de Flandre, où il auoit
receu les villes de Monts , Valenciennes , & autres qui eſtoient du
gouuernement du Comte de Lalain , qui auoit pris le party de mon
frere, le faiſant recognoiſtre pour
Seigneur en tous les païs de ſon authorité. Mon frere le voulant ſecourir , fait ſoudain leuer des gens
pour mettre ſus vne armée pour s'y
acheminer. Et pource qu'elle ne
pouuoit eſtre ſi toſt preſte , il y fait
ietter Monſieur de Balagny, pour
ſouſtenir le ſiege, attendant qu'a-
uec ſon armée il le pûſt faire leuer.
Comme il eſtoit ſur ces appreſts, &

qu’il commençoit d’auoir vne partie des forces qui luy estoient ne-
cessaires, cette guerre des Huguenots interuint, qui feit desbander
tous ses soldats pour se mettre aux
compagnies de l’armée du Roy,
qui venoit en Gascogne. Ce qui
osta à mon frere toute esperance de
secourir Cambray , lequel ne se
pouuoit perdre qu’il ne perdist
tout le reste du païs qu’il auoit con-
quis, & ce qu’il regrettoit le plus,
Monsieur de Balagny & tous les
honnestes gens qui s’estoient iet-
tez dans Cambray. Ce desplaisir
luy fut extreme ; & comme il auoit
vn grand iugement , & qu’il ne
manquoit iamais d’expedients en
ses aduersitez , voyant que le seul
remede eust esté de pacifier la France, luy qui auoit vn courage qui ne

trouuoit rien de difficile entrepréd
de faire la paix , & defpefche foudain vn Gentil-homme au Roy
pour le luy perfuader,& le fupplier
de luy donner la charge de la traitter.  Ce qu'il faifoit craignant que
ceux qui euffent efté commis ne
l'euffent fait tirer en telle longueur
qu'il n'euft plus eu moyen de fecourir Cambray; où Monfieur de
Balagny s'eftant ietté, comme i'ay
dit, manda à mon frere qu'il luy
donneroit le temps de fix mois
pour le fecourir.  Mais que fi dans
ce temps-là l'on ne faifoit leuer le
fiege, la neceffité de viures y feroit
telle qu'il n'y auroit moyen de có-
tenir le peuple de la ville , & de
l'empefcher de fe rendre.  Dieu
ayant affifté mon frere au deffein
qu'il auoit de perfuader le Roy à la

paix, il agrea l'office que luy faifoit
mon frere de s'employer à la traitter, eftimant par ce moyen de le dé-
tourner de fon entreprife de Flandre qu'il n'auoit iamais euë agreable,& luy donna la commiſſion de
traitter & faire cette paix, luy mandant qu'il luy enuoyeroit pour l'affifter en cette negociation Meffieurs de Villeroy & de Bellieure.
Cette commiſſion reuſſit fi heu-
reufement à mon frere,que venant
en Gafcogne ( où il demeura fept
mois pour cet effet , qui luy dure-
rent beaucoup plus , pour l'enuie
qu'il auoit d'aller fecourir Cambray , encor que le contentement
qu'il auoit que nous fuſſions enfemble luy adouciſt l'aigreur de ce
foing) il feit la paix au contentement du Roy & de tous les Catho-

liques , laiſſant le Roy mon mary
& les Huguenots de ſon party non
moins ſatisfaits , y ayant procedé
auec telle prudéce qu’il en demeura loüé & aimé de tous ; & ayant en
ce voyage acquis ce grand Capitaine Monſieur le Mareſchal de
Biron, qui ſe voüa à luy pour prendre la charge de ſon armée de Flandre , & lequel il retiroit de Gaſcogne pour faire plaiſir au Roy mon
mary, qui eut en ſon lieu Monſieur
le Mareſchal de Matignon. Auant
que mon frere partiſt, il deſira faire
l’accord du Roy mon mary & de
Monſieur le Mareſchal de Biron,
pourueu qu’à la premiere venë il
me feit ſatisfaction par vne honneſte excuſe de ce qui s’eſtoit paſſé
à Nerac , & me commanda de le
brauer auec toutes les rudes & deſ-

daigneufes parolles que ie pourrois. I'vfay de ce commandement
paffionné de mon frere auec la difcretion requife en telles chofes, fçachant bien qu'vn iour il en auroit
regret, pouuant beaucoup efperer
d'affiftance d'vn tel caualier. Mon
frere s'en retournant en France accompagné de Monfieur le Marefchal de Biron , auec non moins
d'honneur & de gloire d'auoir pa-
cifié vn fi grand trouble au contentement de tous , que de toutes les
victoires que par armes il auoit
euës, en feit fon armée encor plus
grande & plus belle. Mais que la
gloire & le bon-heur eft toufiours
fuiuy d'enuie ! Le Roy n'y prenant
point de plaifir, & en ayant eu auffi peu des fept mois que mon frere
& moy auions demeuré enfemble

Y iiij

en Gafcogne traittans la paix, pour
trouuer vn obiet à fon ire s'imagi-
ne que i'auois fait naiftre cette
guerre, y ayant pouffé le Roy mon
mary ( qui peut bien tefmoigner le
contraire ) pour donner l'honneur
à mon frere de faire la paix ; laquelle, fi elle euft dependu de moy, il
euft euë auec moins de temps & de
peine, car fes affaires de Flandre &
de Cambray receuoient vn grand
preiudice de fon retardemét. Mais
quoy ? l'enuie & la haine fafcinent
les yeux , & font qu'ils ne voyent
iamais les chofes telles qu'elles
font. Le Roy baftiffant fur ce faux
fondement vne haine mortelle côtre moy , & faifant reuiure en fa
memoire la fouuenance du paffé,
( comme durant qu'il eftoit en Pologne & depuis qu'il en eftoit re-

uenu i'auois tousiours embrassé les
affaires & le contentement de mon
frere plus que le sien)ioignant tout
cela ensemble il iura ma ruine &
celle de mon frere. En quoy la fortune fauorisa son animosité, faisant
que durant les sept mois que mon
frere fut en Gascogne, le malheur
fut tel pour moy qu'il deuint a-
moureux de Fosseuse, que le Roy
mon mary seruoit, comme i'ay dit,
depuis qu'il eut quitté Rebours.
Cela pensa conuier le Roy mon
mary à me vouloir mal , estimant
que i'y fisse de bons offices pour
mon frere contre luy. Ce qu'ayant
recognu , ie priay tant mon frere,
luy remonstrant la peine où il me
mettoit par cette recherche , que
luy , qui affectionnoit plus mon
contentement que le sien , força sa

paſſion , & ne parla plus à elle.
Ayant remedié de ce coſté-là , la
fortune, laquelle quand elle commence à pourſuiure vne perſonne
ne ſe rebutte point pour le premier
coup que l’on luy fait teſte , me
dreſſe vne autre embuſche bien
plus dangereuſe , faiſant que Foſſeuſe , qui aimoit extremement le
Roy mon mary, & qui toutesfois
iuſques alors ne luy auoit permis
que les priuautez que l’honneſteté
peut permettre , pour luy oſter la
ialouſie qu’il auoit de mon frere, &
luy faire cognoiſtre qu’elle n’aimoit plus que luy , s’abondonne
tellement à le contenter en tout ce
qu’il vouloit d’elle, que le malheur
fut ſi grand qu’elle deuint groſſe.
Lors ſe ſentant en cet eſtat , elle
change toute ſorte de proceder a-

uec moy , & au lieu qu’elle auoit
accouſtumé d’y eſtre libre, & de me
rendre auprez du Roy mon mary
tous les bons offices qu’elle pouuoit , elle commence à ſe cacher de
moy , & à me rendre autát de mauuais offices qu’elle m’en auoit fait
de bons. Elle poſſedoit de ſorte le
Roy mõ mary qu’en peu de temps
ie le cogneus tout changé. Il s’e-
ſtrangeoit de moy , il ſe cachoit, &
n’auoit plus ma preſence ſi agreable qu’il auoit eu les quatre ou cinq
heureuſes années que i’auois paſ-
ſées auec luy en Gaſcogne pendant
que Foſſeuſe s’y gouuernoit auec
honneur. La paix faitte que i’ay
ditte, mon frere s’en retournant en
Fráce pour faire ſon armée, le Roy
mon mary & moy nous en retour-
naſmes à Nerac , où ſoudain que

nous fufmes arriuez Foffeufe luy
met en la tefte, pour trouuer vne
couuerture à fa groffeffe, ou bien
pour fe deffaire de ce qu'elle auoit,
d'aller aux eaux de Aigues-caudes
qui font en Bearn. Ie fuppliay le
Roy mon mary de m'excufer fi ie
ne l'accompagnois à Aigues-caudes ; qu'il fçauoit que depuis l'indignité que i'auois receuë à Pau i'a-
uois fait vn ferment de n'entrer iamais en Bearn que la religion Catholique n'y fuft. Il me preffa fort
d'y aller, iufques à s'en courroucer.
En fin ie m'en excufe. Il me dit
alors que fa fille ( car il appelloit
ainfi Foffeufe ) auoit befoin d'en
prendre pour le mal d'efthomac
qu'elle auoit. Ie luy dis que ie voulois bien qu'elle y allaft. Il me refpond qu'il n'y auoit point d'appa-

rence qu’elle y allaſt ſans moy; que
ce ſeroit faire penſer mal où il n’y
en auoit point ; & ſe faſche fort
contre moy de ce que ie ne la voulois point mener. En fin ie feis tant
qu’il ſe contenta qu’il allaſt auec elle deux de ſes compagnes, qui furent Rebours & Villeſauin , & la
gouuernante. Elles s’en allerent
auec luy, & moy i’attendis à Bauiere. I’auois tous les iours aduis de
Rebours ( qui eſtoit celle qu’il a-
uoit aimée, & eſtoit vne fille corrompuë & double, qui ne deſiroit
que de mettre Foſſeuſe dehors,
penſant tenir ſa place en la bonne
grace du Roy mon mary) que Foſſeuſe me faiſoit tous les plus mauuais offices du monde , meſdiſant
ordinairement de moy , & ſe per-
ſuadant , ſi elle auoit vn fils &

qu'elle se pûst deffaire de moy, d'espouser le Roy mon mary , lequel estant de retour à Bauiere auoit resolu d'aller à Pau, & de m'y mener ou de gré ou de force.   Ces aduis me mettoient en la peine que l'on peut penser. Toutesfois ayant tousiours fiance en la bonté de Dieu & en celle du Roy mon mary , ie passay le temps de ce seiour de Bauiere en l'attendant , & versant autant de larmes qu'eux beuuoient de gouttes des eaux où ils estoient ; bien que i'y fusse accompagnée de toute la noblesse Catholique de ce quartier-là , qui mettoit toute la peine qu'elle pouuoit pour me faire oublier mes ennuis. Au bout d'vn mois ou cinq semaines , le Roy mon mary reuenant auec Fosseuse & ses autres compa-

gnes sceust de quelqu'vn de ces
Seigneurs qui estoient auec moy
l'ennuy où i'estois pour la crainte
que i'auois d'aller à Pau. Qui fut
cause qu'il ne me pressa pas tant d'y
aller, & me dit seulement qu'il eut
bien desiré que ie l'eusse voulu.
Mais voyant que mes larmes &
mes parolles luy disoient ensemble
que i'aimerois plustost la mort, il
changea de dessein, & retournas-
mes à Nerac, où voyant que tout
le monde parloit de la grossesse de
Fosseuse, & què non seulement en
nostre Cour, mais par tout le païs
cela estoit commun, ie voulus tas-
cher de faire perdre ce bruit, & me
resolus de luy en parler, & la prenant en mon cabinet ie luy dis; Encor que depuis quelque téps vous
vous soyez estrangée de moy , &

que l'on m'aye voulu faire croire
que vous me faites de mauuais offices auprez du Roy mon mary, l'a-
mitié que ie vous ay portée, & celle
que i'ay voüée aux perfonnes d'hóneur à qui vous appartenez ne me
peut permettre que ie ne m'offre
de vous fecourir au malheur où
vous vous trouuez , que ie vous
prie de ne me nier , & ne vouloir
ruiner d'honneur & vous & moy,
qui ay autant d'intereft au voftre,
eftant à moy, comme vous mefme;
& croyez que ie vous feray office
de mere. I'ay moyen de m'en aller,
fous couleur de la pefte que vous
voyez qui eft en ce païs, & mefme
en cette ville , au Mas d'Agenois,
qui eft vne maifon du Roy mon
mary qui eft fort efcartée. Ie ne me-
neray auec moy que le train que
vous

vous voudrez. Cependant le Roy
mon mary ira à la chaffe d'vn autre
cofté , & ne bougeray de là que
vous ne foyez deliurée, & ferons
par ce moyen ceffer ce bruit qui ne
m'importe moins qu'à vous. Elle
au lieu de m'en fçauoir gré , auec
vne arrogance extréme me dit que
elle feroit mentir tous ceux qui en
auoient parlé; Que depuis quelque
temps ie ne l'aimois point , & que
ie cherchois pretexte pour la ruiner. Et parlant auffi haut que ie
luy auois parlé bas , elle fort toute
en cholere de mon cabinet, & y va
mettre le Roy mon mary ; en forte
qu'il fe courrouça fort à moy de ce
que i'auois dit à fa fille, difant qu'elle feroit mentir tous ceux qui la ta-
xoient, & m'en feit mine fort long
temps , & iufques à tant que s'eftãs

paſſez quelques mois vint l'heure
de ſon temps.  Le mal luy prenant
au matin au point du iour eſtant
couchée en la chambre des filles,
elle enuoya querir mon Medecin,
& le pria d'aller aduertir le Roy
mon mary ; ce qu'il feit.  Nous
eſtions couchez en vne meſme
chambre en diuers lits , comme
nous auions accouſtumé.  Comme
le Medecin luy dit cette nouuelle il
ſe trouua fort en peine ne ſçachant
que faire , craignant d'vn coſté
qu'elle fuſt deſcouuerte, & de l'autre qu'elle fuſt mal ſecouruë ; car il
l'aimoit fort.  Il ſe reſolut en fin de
m'aduoüer tout, & me prier de l'aller faire ſecourir , ſçachant bien
que quoy qui ſe fuſt paſſé il me
trouueroit touſiours preſte de le
ſeruir en ce qui luy plairoit.  Il ou-

ure mon rideau, & me dit; M'amie,
ie vous ay celé vne chofe qu'il faut
que ie vous aduoüe. Ie vous prie
de m'en excufer , & de ne vous
point fouuenir de tout ce que ie
vous ay dit pour ce fuiet. Mais
obligez moy tant que de vous leuer tout à cette heure , & aller fecourir Foffeufe qui eft fort mal. Ie
m'affeure que vous ne voudriez la
fentant en cet eftat vous reffentir
de ce qui s'eft paffé. Vous fçauez
combien ie l'aime;ie vous prie obligez moy en cela. Ie luy dis que ie
l'honorois trop pour m'offenfer de
chofe qui vint de luy ; Que ie m'y
en allois, & y ferois comme fi c'e-
ftoit ma fille ; Que cependant il
s'en allaft à la chaffe & emmenaft
tout le monde , à fin qu'il n'en fut
point ouy parler. Ie la feis promp-

tement ofter de la chambre des filles , & la mis en vne chambre efcartée , auec mon Medecin & des
femmes pour la feruir , & la feis
trefbié fecourir. Dieu voulut qu'elle ne feit qu'vne fille, qui encores
eftoit morte.  Eftant deliurée on
la porta à la chambre des filles, où
bien que l'on apportaft toute la
difcretion que l'on pouuoit, on ne
pûft empefcher que le bruit ne fut
femé par tout le chafteau.  Le Roy
mon mary eftát reuenu de la chaffe la va voir,comme il auoit accouftumé.  Elle le prie que ie l'allaffe
voir , comme i'auois accouftumé
d'aller voir toutes mes filles quand
elles eftoient malades , penfant par
ce moyen ofter le bruit qui couroit.  Le Roy mon mary venant
en la chambre me trouue que ie

m'eſtois remiſe dans le lit , eſtant
laſſe de m'eſtre leuée ſi matin, & de
la peine que i'auois euë à la faire ſecourir. Il me prie que ie me leue &
que ie l'aille voir. Ie luy dis que ie
l'auois fait lors qu'elle auoit eu beſoin de mon ſecours, mais qu'à cette heure elle n'en auoit plus affaire;
Que ſi i'y allois ie deſcouurirois
pluſtoſt que de couurir ce qui
eſtoit, & que tout le monde me
monſtreroit au doigt. Il ſe faſcha
fort contre moy, & ce qui me deſ-
pleuſt beaucoup, il me ſembla que
ie ne meritois pas cette recompenſe de ce que i'auois fait le matin.
Elle le meit ſouuent en des hu-
meurs pareilles contre moy. Pendant que nous eſtions de cette façon, le Roy, qui n'ignoroit rien
de tout ce qui ſe paſſoit en la mai-

fon de tous les plus grands de fon
Royaume, & qui eftoit particulierement curieux de fçauoir les deportemens de noftre Cour , ayant
efté aduerty de tout cecy,& confer-
uant encor le defir de vengeance
qu'il auoit conceu côtre moy pour
l'occafion que i'ay ditte de l'honneur que mon frere auoit acquis à
la paix qu'il auoit faitte , penfe que
c'eftoit vn beau moyen pour me
rendre auffi miferable qu'il defiroit , me tirant hors d'auprez du
Roy mon mary , & efperant que
l'efloignement feroit comme les
ouuertures du bataillon Macedo-
nien. A quoy pour paruenir il me
feit efcrire par la Roine ma mere
qu'elle defiroit me voir ; Que c'e-
ftoit affez d'auoir efté cinq ou fix
ans efloignée d'elle ; Qu'il eftoit

temps que ie feiſſe vn voyage à la Cour , & que cela ſeruiroit aux af-faires du Roy mon mary & de moy ; Qu'elle cognoiſſoit que le Roy eſtoit deſireux de me voir , & que ſi ie n'auois des commoditez pour faire ce voyage le Roy m'en feroit bailler. Le Roy m'eſcriuit le ſemblable , & m'enuoyant Man-niquet, qui eſtoit ſon Maiſtre d'ho-ſtel , pour m'y perſuader ( pource que depuis cinq ou ſix ans que i'e-ſtois en Gaſcogne ie n'auois iamais peu me donner cette volonté de re-tourner à la Cour ) il me trouua lors plus aiſée à receuoir ce conſeil, pour le meſcontentement que i'a-uois à cauſe de Foſſeuſe , luy en ayant donné aduis à la Cour. Le Roy & la Roine m'eſcriuirét deux ou trois fois coup ſur coup, & me

Z iiij

font deliurer quinze cens escus, à fin que l'incommodité ne me retardast ; & la Roine ma mere me mande qu'elle viendroit iusques en Xaintonge , & que si le Roy mon mary me menoit iusques là, elle cómuniqueroit auec luy pour luy donner asseurance de la volonté du Roy.   Car il desiroit fort de le tirer de Gascogne , pour le remettre à la Cour en la mesme condition qu'ils y auoient esté autresfois mon frere & luy ; & le Mareschal de Matignon poussoit le Roy à cela pour l'enuie qu'il auoit de demeurer tout seul en Gascogne. Toutes ces belles apparences de bien - veuillance ne me faisoient point tromper aux fruits que l'on doit esperer de la Cour , en ayant eu par le passé trop d'experience.

Mais ie me resolus de tirer profit
de ces offres, & y faire vn voyage
seulement de quelques mois, pour
y accommoder mes affaires & celles du Roy mon mary ; estimant
qu'il seruiroit aussi comme de di-
uersion pour l'amour de Fosseuse
que i'emmenois auec moy, & que
le Roy mon mary ne la voyât plus,
s'embarqueroit possible auec quelqu'autre qui ne me seroit si ennemie. I'eus assez de peine à faire
consentir le Roy mon mary à me
permettre ce voyage, pource qu'il
se faschoit d'esloigner Fosseuse, &
qu'il en fust parlé. Il m'en feit
meilleure chere, desirant extrémement m'oster cette volonté d'aller en France. Mais l'ayant desia
promis par mes lettres au Roy &
à la Roine ma mere, mesmes ayant

touché la somme susdite pour mõ
voyage, le malheur qui m'y tiroit
l'emporta sur le peu de volonté que
i'auois lors d'y aller, voyant que
le Roy mon mary recommençoit
à me monstrer plus d'amitié